Anja Walz · Das Buch der Erkenntnisse

Anja Walz beschäftigt sich seit 8 Jahren intensiv mit Spiritualität und Persönlichkeitsentwicklung und wendet das Gesetz der Anziehung täglich in ihrem Leben an. Sie hat sich damit das Leben ihrer Träume erschaffen. Nun möchte Sie auch anderen dabei helfen, ihre sehnlichsten Wünsche zu erfüllen, um das Leben ihrer Träume zu führen.

Anja Walz

Das Buch der Erkenntnisse

Erschaffe dein Traumleben
mit dem Gesetz der Anziehung!

Dezember 2022
© 2022 Anja Walz
Lektorat: Christa Opitz-Schwab
Layout, Satz & Umschlaggestaltung: Die BUCHPROFIS, München
Herstellung und Verlag: BoD – Books on Demand, Norderstedt
Printed in Germany

ISBN: 978-3-7568-9639-4

Ich empfehle dir, das Buch mit Pausen zu lesen und alle Übungen mit Susi mitzumachen.

Damit auch du endlich dein Traumleben erschaffen kannst!

Um dein Traumleben zu erschaffen, integriere die Erkenntnisse in deinen Alltag. (Im Buch wird darauf hingewiesen, wann welche Erkenntnis an der Reihe ist.)

Viel Erfolg beim Erfüllen deiner Wünsche!

Erkenntnisse für jeden Tag

Erkenntnis 1:

Werde Herr über deine Gedanken und Handlungen!

Versuche ab sofort, täglich deine Gedanken und Handlungen zu beobachten. Wenn sie negativ sind, lenke sie ins Positive.
Versuche allgemein positiver durchs Leben zu gehen.

1. Denke an Dinge, die dich glücklich machen, und gönne dir diese hin und wieder. Dinge, die nichts kosten.
2. Wenn du ein Problem hast, sieh die Lösung vor dir.
3. Denke auch an Dinge, auf die du dich freust.

Erkenntnis 2:

Sei dankbar!

Finde jeden Abend mindestens drei Dinge, für die du an diesem Tag dankbar warst.

Erkenntnis 3:

Erschaffen durch Visualisieren! Erwarte Wunder!

Schließe deine Augen und stelle dir vor, alle deine Wünsche sind schon erfüllt:

- Was siehst du?
- Wo bist du?

- Was tust du?
- Wie fühlst du dich?
- Wer ist bei dir?

Spüre, wie toll es sich anfühlt, und sei unendlich dankbar dafür.
Das Universum unterscheidet nicht, ob du dir etwas nur vorstellst oder ob du es gerade erlebst.
Wenn du deine Wünsche lebst, als seien sie schon erfüllt, sendet es dir genau das zurück. Deswegen werden deine Wünsche bald vom Unsichtbaren ins Sichtbare kommen.
Du musst dir die Situation nur immer wieder bildlich vorstellen und fest daran glauben.

Erkenntnis 4:

Baue deine Wünsche in deinen Alltag ein!

Wenn du im Stau stehst, einkaufen bist, Auto fährst oder im Wartezimmer beim Arzt sitzt, tue so, als seien deine Wünsche schon erfüllt.

Erkenntnis 7:

Affirmationen nutzen!

Eine Affirmation versorgt dein Unterbewusstsein mit neuen Informationen, sodass du deinen alten Glaubenssatz überschreiben kannst.

Erkenntnis 6:

Selbstliebe!

Selbstliebe ist der Schlüssel für jede Beziehung.
Erst wenn du dich selbst lieben kannst, kann eine Beziehung zu jemand anderem funktionieren.

- Was magst du an dir?
- Was kannst du besonders gut?

Schreibe eine Liste mit mindestens zwanzig Punkten und schaue diese täglich an. Füge gerne immer weitere Punkte hinzu.

Erkenntnis 8:

Belohnen!

Belohne dich nach Erfolgserlebnissen!
Kaufe dir etwas Schönes!

Erkenntnis 5:

Erreiche deine Wünsche durch Eigeninitiative noch schneller!

Was kannst du aktiv dafür tun, um deine acht Lebensbereiche zu verbessern?

Montag, 1. Februar 2016

Der Tag, an dem sich mein Leben für immer verändern sollte.

Eigentlich begann er wie jeder andere Tag.

Um 6 Uhr klingelte mein Wecker, den ich daraufhin für zehn Minuten in den Schlummermodus beförderte.

Aber anstatt weiterzuschlafen, startete wie jeden Morgen mein Gedankenkarussell.

Es drehte sich immer um die gleiche Frage:

Wo in meinem Leben war ich falsch abgebogen?

Ich war 32 Jahre alt. Ich hatte keinen Freund. Genau genommen, war ich noch nicht über Marco hinweg, der mich vor über vier Jahren verlassen hatte. Wir waren fast zwei Jahre zusammen gewesen, und während ich mir unsere Zukunft mit Hochzeit und Kindern ausgemalt hatte, vögelte er seine Kollegin Christina. Diese hatte er nach zwei weiteren Jahren geheiratet und sogar geschwängert. Woher ich das wusste? Facebook. Es war nicht so, dass ich ständig auf seinem Profil herumstöberte, nur hin und wieder. Also etwa alle zwei Tage!

Ich lebte in einem Dreißig-Quadratmeter-Kellerzimmer im Haus meiner Mutter, ca. 25 Kilometer von Köln entfernt. Meiner Mutter gehörte die mittlere Etage und meinem drei Jahre jüngeren Bruder Stefan das Dachgeschoss. Mein Vater hatte seine Familie vor zwei Jahren für eine andere Frau verlassen: jung, blond, dünn.

Er wollte Kontakt zu uns Kindern, aber wir nicht. Der Schmerz saß zu tief.

Ich arbeitete als Reinigungskraft für 11 Euro die Stunde, und ich hasste diesen Job.

Ich hatte keine Freunde. Die Einzige, mit der ich mich gut verstand, war meine Kollegin Anna, mit der ich hin und wieder meine Mittagspause verbrachte.

Ich war nicht hässlich, aber ich hatte zwanzig Kilo Übergewicht, was ziemlich an meinem Selbstwertgefühl nagte.

Fast alle in meinem Umkreis, die in meinem Alter waren, hatten schon geheiratet, gebaut und ihr erstes Kind bekommen.

Wie immer riss mich der Wecker aus meinen trüben Gedanken.

Jeder Tag zog sich hin wie Kaugummi.

So war das eben, wenn man einen Job hatte, der einem keinen Spaß machte.

Leider hatte ich mit meinem schlechten Schulabschluss keinen besseren gefunden.

Ich hatte schon beim Metzger als Verkäuferin gearbeitet, bis ich für lange Zeit kein Fleisch mehr sehen konnte und kündigte. Und in einem Lotto-Geschäft, wo mir in der Probezeit gekündigt wurde, da ich zweimal verschlafen hatte.

Das lag daran, dass ich nachts oft stundenlang wach lag und über mein jämmerliches Leben grübelte.

Der Tag startete mit schlechten Gedanken und endete mit schlechten Gedanken.

»Susi, du wischst schon zehnmal über dieselbe Stelle. Sauberer wird es nicht.«

Anna grinste mich an.

Ich mochte sie, jedoch beneidete ich sie auch.

Sie schwärmte oft von ihrem Mann und ihren zwei Kindern.

»Wo bist du mit deinen Gedanken?«

»Ach, ich bin nur müde. Du weißt ja, wie schlecht ich immer schlafe.«

»Hmm … vielleicht solltest du mal in ein Schlaflabor?«

Wenn das mein einziges Problem gewesen wäre …

Zwei Stunden später verbrachten wir die Mittagspause, wie so oft, an einer Frittenbude. Wir wechselten zwischen Pommes, Currywurst und Bratwurst.

»Wir haben für Ende September eine Woche Lanzarote gebucht«, strahlte Anna.

»Du solltest auch endlich einmal Urlaub machen.«

Mit wem hätte ich denn Urlaub machen sollen?

Mein letzter Urlaub war mit Marco, für ein paar Tage in Tirol gewesen. Geflogen war ich noch nie.

Anna wusste nichts von meinem erbärmlichen Leben.

Oft hatte ich sie angelogen, wenn sie fragte, was ich am Wochenende vorhatte.

Statt ins Nachtleben zu ziehen, saß ich zu Hause und trank ein Glas Wein, allein vor dem Fernseher oder zusammen mit meinem Bruder und meiner Mutter.

Mein Bruder führte ein ähnliches Leben wie ich.

»Ja, nächstes Jahr, denke ich.«

»Das sagst du immer«, erwiderte Anna.

Im Zug, auf dem Weg nach Hause, musterte ich oft die anderen Fahrgäste und fragte mich, wem es wohl auch so ergehen mochte wie mir.

Wir hätten uns zusammenschließen können.

Aber womöglich gab es keinen wie mich.

Jemanden, der mit Anfang dreißig im Leben noch nichts erreicht hatte.

Meine Mutter kochte jeden Abend für mich und meinen Bruder.

Ich erklärte ihr oft, dass sie das nicht müsse, denn so fühlte ich mich noch mehr als Versager. Allerdings sagte ich ihr das mit dem »Versager« natürlich nicht.

Sie war Rentnerin und brauchte etwas Beschäftigung. Sie war jahrelang im Büro bei einer Versicherung tätig gewesen. Mein Bruder arbeitete bei der Post. Er genoss es, dass meine Mutter für ihn kochte. Sie machte sogar seine Wäsche.

»Es ist ein Päckchen für dich gekommen. Von deiner Patentante«, sagte meine Mutter etwas mürrisch und hielt mir ein gelbes Päckchen entgegen.

Sie und meine Patentante hatten sich schon vor Jahren zerstritten. Den Grund dafür kannte ich nicht.

»Mach auf!«, forderte mein Bruder.

Ich ignorierte ihn.

Meine Mutter wartete ebenfalls gespannt.

»Ich öffne es später«, sagte ich entschieden.

Ich sah ihr an, dass sie das wurmte. Aber ich aß in Ruhe den Auflauf und nahm das Päckchen danach mit in mein Loch, wie ich mein Zimmer nannte.

Absenderin war Lydia Wagner. Das Päckchen kam von Bali.

Darin lagen ein Brief und ein braunes ledergebundenes Buch.

Liebe Susi,

wir hatten lange keinen Kontakt, aber ich höre oft von Onkel Bernd, was in deinem Leben vor sich geht.

Wenn ich ehrlich bin, hört es sich nicht so großartig an.

Deswegen schicke ich dir dieses Buch.

Es wird dein Leben verändern.

Bitte arbeite damit, von Seite zu Seite. Lies nicht voraus.

Vertraue mir!

Ich melde mich wieder.

Es tut mir leid, dass ich dir keine gute Patentante war und wir uns schon zehn Jahre nicht gesehen haben.

Ich werde das ändern.

In Liebe
Lydia

Ich war sprachlos und merkte, wie Wut in mir hochkochte.

Was fielen Bernd und ihr ein, über mein Leben zu urteilen?

Empört warf ich das Päckchen auf den Boden, legte mich aufs Bett und zappte durch das Fernsehprogramm.

Talkshow, Krimi, Tierdoku …

Ich ließ mich von der Aufzucht von Babygorillas ablenken.

Trotzdem ließ mich das Buch nicht los, sodass ich irgendwann nachgab und die erste Seite aufschlug.

In schöner, geschwungener Schrift stand dort, mit Tinte geschrieben:

Das Buch der Erkenntnisse
von Lydia

Ich blätterte weiter.

Ich habe in diesem Buch all meine Kenntnisse gesammelt, mit denen ich mein Traumleben erschaffen habe.

Wenn ich dir dieses Buch nun gebe, weißt du, dass du mir sehr am Herzen liegst, und ich möchte, dass auch du dein Traumleben erschaffst und glücklich wirst!

Deine erste Aufgabe ist der folgende Test, damit du weißt, wo du im Leben stehst.

Nimm dir die Zeit und beantworte alles wahrheitsgemäß.

Wie glücklich und zufrieden bist du mit deinem Leben?

Schau dir die folgenden Lebensbereiche an und überlege dir, wie zufrieden du bist.

Vergib die Punkte 0–10:

0 = Hoffnungslos unzufrieden

10 = Vollkommen zufrieden

Gesundheit
(Ernährung, Bewegung, Gewicht, Rauchen, Alkohol ...)

Liebe / Partnerschaft
(Gefühle, Vertrauen, Zusammenhalt, Nähe, Sex ...)

Familie
(Beziehung zu Eltern, Geschwistern, Kindern ...)

Finanzen
(Einkommen, finanzielle Unabhängigkeit, Schulden, Eigentum ...)

Freunde / soziale Beziehungen
(Vertrauenswürdige Freunde, gute offene Gespräche, wohltuende Treffen ...)

Arbeit / Berufung
(Spaß an der Arbeit, nette Kollegen, Work-Life-Balance ...)

Freizeit / Hobbys
(Zeit für sich selbst, Unternehmungen, Reisen ...)

Persönlichkeitsentwicklung / Spiritualität
(Weiterentwicklung, Erfüllung von Zielen, Zugang zur Innenwelt, Glaube ...)

Ergebnis:

0 - 30 Punkte –
unzufriedenes Leben

31 – 59 Punkte =
durchschnittliches Leben

60 – 80 Punkte =
zufriedenes Leben

Ich wusste auch ohne diesen Test, welches Ergebnis bei mir herauskommen würde.
Aber ich tat wie geheißen und ging den Test durch.
Ich notierte mir die einzelnen Punkte auf einem Notizblock.

Gesundheit:
Ich hatte Übergewicht, kaum Bewegung, trank täglich ein Glas Wein.
Alkoholproblem?
Ich aß zu oft Fast Food in meiner Mittagspause.

Ich war selten krank, hatte höchstens einmal im Jahr einen Schnupfen.
Ich rauchte nicht.
5 Punkte

Liebe / Partnerschaft:
Ich heulte seit 4 Jahren jemandem nach, der mich betrogen hatte.
Ich hatte ebenso lange keinen Sex mehr.
0 Punkte

Familie:
Ich hatte ein gutes Verhältnis zu meiner Mutter und zu meinem Bruder sowie zu Onkel Bernd, der aber scheinbar schlecht von mir redete.
Mit Lydia hatte ich seit Jahren nicht gesprochen.
Meinen Vater verachtete ich.
3 Punkte

Finanzen:
Mein Einkommen reichte mir gerade so zum Leben.
Ich bezahlte 300 Euro Miete an meine Mutter, sodass sie unser Haus

halten konnte. Zudem hatte ich einige Schulden, die ich monatlich abbezahlte.

Mein Geld reichte für wöchentlich drei kleine Snacks in der Mittagspause. Das war mir sehr wichtig, da ich diese mit Anna verbrachte.

Für Vergnügen blieben mir nur 50 Euro im Monat. Aber besser als nichts.

Auf meinem Sparkonto waren 2000 Euro für Notfälle.

5 Punkte

Freunde / soziale Beziehungen:

Ich hatte keine.

Anna?

Vielleicht mochte sie mich ja gar nicht, sondern wollte einfach ihre Mittagspause nicht allein verbringen. Ich hatte noch nie privat etwas mit ihr unternommen.

1 Punkt

Arbeit / Berufung:

Ich hatte einen Job, der jedoch nicht meine Berufung war.

Zwar hatte ich eine Arbeit, aber Spaß machte sie mir nicht.

3 Punkte

Freizeit / Hobbys:

Mein Bruder war der einzige Mensch, mit dem ich hin und wieder etwas unternahm wie ins Kino oder Essen zu gehen.

Mein Hobby, das Nähen, hatte ich schon monatelang nicht mehr praktiziert.

3 Punkte

Persönlichkeitsentwicklung / Spiritualität:

Ich trat völlig auf der Stelle.

0 Punkte

Das ergab erbärmliche 20 Punkte.

Mir kamen die Tränen.

20 verdammte Punkte.

Ich schlug das Buch zu und kuschelte mich zu Mia und Ben,

zwei Waldorfpuppen, die ich vor Jahren selbst genäht hatte und die seitdem neben meinem Kissen saßen.

Sie spendeten mir Nacht für Nacht etwas Trost.

Dazu goss ich mir ein Glas Rotwein ein, der auf meinem Nachttisch stand und meine trüben Gedanken wenigstens ein bisschen benebelte.

Tipp:

FÜHRE AUCH DU DEN TEST DURCH.

Dienstag, 2. Februar 2016

Ich packte das Buch in meine Handtasche, um im Zug eine weitere Seite aufzuschlagen. Allerdings graute mir etwas davor. »Das Buch der Erkenntnisse«.
Welche weiteren düsteren Offenbarungen würde ich darin finden?

Deine zweite Aufgabe besteht darin, dir erst einmal zu überlegen, was du dir überhaupt wünschst.
Das ist der erste Schritt zur Erfüllung deines Traumlebens.

Stelle dir folgende Fragen:

- *Wonach sehnt sich mein Herz?*

- *Was bringt meine Augen zum Strahlen?*

- *Was erfüllt mich?*

- *Was macht mich glücklich?*

- *Wenn ich eine Wunderlampe finden würde und drei Wünsche frei hätte, welche wären das?*

- *Wenn ich 90 Jahre alt wäre, was hätte für mich ein wundervolles und erfülltes Leben ausgemacht?*

Denke auch an den Test. In welchem Lebensbereich fehlt dir noch etwas?

Schreibe deine Wünsche auf.

Tipp:

FÜHRE DIESE AUFGABE EBENFALLS DURCH.

Ich dachte nach.
Die ersten vier Wünsche waren leicht.
Ich schrieb auf meinen Notizblock:

Traummann
zwei Kinder
Eigentumswohnung in Köln
einen Job, der mich erfüllt

Was noch? Das Weitere war gar nicht so einfach.

Freunde, mit denen ich etwas unternehmen kann
Urlaub am Meer
genügend Geld
schlanker sein
Hobby wieder ausüben

Zum Lebensbereich Persönlichkeitsentwicklung schrieb ich auf:
Selbstwertgefühl aufbauen!
Und umkreiste diesen Vermerk.
Die zweite Aufgabe war erledigt.

Während ich drei Räume wischte, dachte ich viel über die mickrige Punktzahl meines Ergebnisses nach.
Was hätte ich anders machen müssen?
Hätte ich Marco niemals kennenlernen dürfen?

Hätte ich mich in der Schule bloß besser angestrengt!
Was stimmte mit mir nicht?

»Anna, würdest du sagen, du führst dein Traumleben?«, fragte ich meine Kollegin neugierig in der Mittagspause und bezog mich dabei auf die verschiedenen Lebensbereiche in dem Test.
Ich sah, wie sie die Stirn runzelte.
»Heute stellst du aber komische Fragen.«
Ich erklärte, dass ich von diesem Test irgendwo gelesen hätte.
»Also, ich würde sagen: fast. Ich habe einen tollen Mann, zwei wunderbare gesunde Kinder, ein Haus am Rande von Köln und gehe dreimal in der Woche joggen, um diese Fritten hier wieder abzutrainieren.«
Sie tunkte eine Pommes in Ketchup und grinste.
»Finanziell könnte es besser sein. Putzfrau wollte ich auch nie sein. Mein Traum war es, Masseurin zu werden, mit eigener Praxis.«
»Du kannst dich ja noch weiterbilden«, schlug ich vor.
Anderen konnte ich schon immer die besten Tipps geben, nur bei mir selbst funktionierten sie nicht.
»Ich weiß nicht. Ja, vielleicht, wenn die Kinder älter sind und ich mehr Stunden arbeiten kann, damit es sich finanziell lohnt.«
Anna arbeitete drei volle und zwei halbe Tage wöchentlich.
Deshalb konnte ich auch nur dreimal in der Woche die Mittagspause mit ihr verbringen. Aber immerhin …
Wir rechneten zusammen. Anna kam auf fast 60 Punkte.
»Und du? Führst du dein Traumleben?«
Ich verschluckte mich an meiner Cola.
»Ich …«, stotterte ich, » …mein Leben ist okay … ich hatte eine ähnliche Punktzahl wie du … aber noch mit Luft nach oben«, log ich.
Unendlich viel Luft nach oben!

Auf der Zugfahrt nach Hause schlug ich wieder das Buch auf.
Du hast deine Wünsche aufgeschrieben.

Wichtig ist aber auch, dass du deine Wünsche bildlich vor dir sehen kannst. Deshalb solltest du ein Wünsche-Vision-Board erstellen. Das heißt, du gestaltest ein Plakat mit Bildern von deinen Wünschen. Du kannst es auch am PC erstellen, indem du Bilder einfügst und die Datei dann ausdruckst. Dieses Plakat bringst du dort an, wo du es immer sehen kannst, zum Beispiel, in der Nähe deines Bettes.

Zu Hause wollte meine Mutter wissen, was in dem Päckchen war.
»Nur ein Buch über Lebensweisheiten«, sagte ich abwehrend. Ich hatte keine Lust zu diskutieren.
»Typisch Lydia«, spottete meine Mutter.
Aber sie gab sich damit zufrieden.

Ich verbrachte den Abend im Internet, um Bilder zu suchen, die meinen Wünschen entsprachen, und trank dazu ein Glas Wein.

Folgende Darstellungen druckte ich schließlich aus:

Ein Verlobungsring und zwei Herzen für die Liebe.
Zwei Kinder als Cartoon.
Eine Stadtwohnung in Köln.
Eine Gruppe mit Menschen für Freunde.
Eine Liege am Strand.
Viele Geldscheine.
Eine Waage, die die Zahl 65 zeigt.
Zwei Waldorfpuppen.

Um ein passendes Foto zu finden, das für mein Selbstwertgefühl stand, benötigte ich die meiste Zeit.
Ich entschied mich für eine Hand auf einem Herz.

Zum Traumjob fiel mir keine Bild-Idee ein, da ich nicht wusste, was mein Traumjob überhaupt war. Deswegen nahm ich eine Abbildung, auf der einfach »Traumjob« stand.

Als die Bilder vor mir lagen, erfüllte mich eine innere Ruhe.
Bis auf den Traumjob wusste ich genau, was ich wollte.
Aber ich hatte keine Ahnung, wie ich das alles je bekommen sollte.

Tipp:

DRUCKE AUCH DU BILDER DEINER
WÜNSCHE AUS UND KLEBE SIE AUF EIN
PLAKAT ODER ERSTELLE EINES AM PC.

Mittwoch, 3. Februar 2016

»Es gibt Wünsche, die etwas detaillierter ausfallen,
zum Beispiel, dein Traumpartner oder deine Traumwohnung.
Ich empfehle dir, möglichst genau aufzuschreiben, was du dir wünschst.
Achte darauf, immer die Gegenwartsform zu benutzen und Wörter wie
›nicht‹, oder ›kein‹, etc. wegzulassen.
Diese kennt das Universum nicht«, las ich im Zug.

Das Universum? Ich verstand noch nicht, was genau damit gemeint war,
aber das würde sich bestimmt noch aufklären.
Diese Aufgabe wollte ich am Abend erledigen.

Ich befasste mich wieder mit dem Leben von Marco und Christina.
Sie hatten ein neues Foto in Facebook gepostet:
Sie standen am Strand unter einer Palme und er legte von hinten seine
Hände um ihren Bauch, die er zu einem Herz geformt hatte.
Es versetzte mir einen Stich.
Sie sah so verdammt gut aus mit ihrem blonden, langen Haar, in dem
eine Lotusblüte steckte, dazu gebräunte Haut, und trotz Babybauch er-
kannte man, dass sie eine schlanke Figur hatte.
Im Gegensatz zu mir, mit meinem Übergewicht und der braunen, wider-
spenstigen Mähne, die ich kaum bändigen konnte.
Seine schwarzen Haare waren etwas länger als früher. Es stand ihm gut.
Und diese azurblauen Augen brachten mich immer noch um den Ver-
stand.
Mein Herz schmerzte.

Ich werde den Tag nie vergessen, als ich erfuhr, dass er mich betrog.
Er war immer öfter am Handy, egal, ob wir einen Film schauten, essen
waren oder bei Freunden von ihm zu Besuch.

Außerdem ließ er sein Handy, im Gegensatz zu früher, nicht mehr offen liegen.

Eines Nachts, als er schlief, ging ich an sein Handy. Seinen Code kannte ich. Ich wusste, das war ein großer Vertrauensbruch, aber ich brauchte Gewissheit.

Und da fand ich die Bestätigung:

Etliche Nachrichten von Christina.

Nacktfotos, die die beiden ausgetauscht hatten, und sogar die Worte: »Ich liebe dich.« und: »Ich werde Susi verlassen.«

In dieser Nacht war ich wieder zu meiner Mutter gezogen und hatte seitdem nichts mehr von ihm gehört.

Er war wohl froh, mich endlich los zu sein.

Ich kämpfte auch nicht um ihn. Ich war keine Kämpferin, noch nie gewesen.

Ich heulte mich sechs Monate lang jeden Abend in den Schlaf und dann begann ich, immer öfter ein Glas Wein zu trinken, um meine Gedanken zu benebeln.

Seitdem funktionierte ich nur noch – wie eine Maschine. Ich lebte nicht mehr.

Ich schlug eine weitere Seite in dem Buch auf.

Die meisten Menschen konzentrieren sich täglich auf ihre Sorgen und Probleme, anstatt auf das, was sie sich wirklich wünschen.

Beobachte heute mal deine Gedanken, Gefühle, Reaktionen und Handlungen im Alltag.

Versuche im Laufe des Tages einmal fünf bis zehn Minuten nur dazusitzen. Schließ die Augen und lausche deinem Atem. Achte darauf, welche Gedanken und Gefühle in dir aufkommen.

Tipp:

FÜHRE AUCH DU DIESE AUFGABE DURCH.

Oje, meine ersten schlechten Gedanken hatte ich gerade gehabt beim Anblick von Marco und Christina …

Der Tag zog sich wieder endlos hin.
Meine Gedanken kreisten um meinen ungeliebten Job.
Hätte mir meine Arbeit Spaß bereitet, würde ich nicht die ganze Zeit auf die Uhr schauen.
Nur Anna sah ich ab und zu, wenn wir auf der gleichen Etage putzten, und sie lenkte mich ab.
Doch heute traf sie sich in der Mittagspause mit ihren besten Freundinnen. Deshalb setzte ich mich in ein leeres Büro und machte die Übung in der Stille.
Es kamen viele Gedanken:
Wieder Marco und Christina. Meine Einsamkeit. Dass ich mit zweiunddreißig noch bei Mama wohnte. Das Mitleid von Bernd und Lydia. Deswegen das Buch. Was hatte ich falsch gemacht? Ich war ein Versager.
Ich versuchte, diese Gedanken zu unterdrücken, aber es gelang mir nicht.
Nach Feierabend fand ich in einem Schreibwarengeschäft ein grasgrünes Plakat. Grün, wie die Hoffnung …

Zu Hause klebte ich die ausgedruckten Bilder auf und fing an, meine detaillierten Wünsche aufzuschreiben.

Ich begann mit dem Traummann und rief mir in Erinnerung, die Gegenwartsform zu verwenden und verneinende Wörter wegzulassen.

Er ist treu.
Er ist kinderlieb.
Er ist ehrlich.
Ich kann ihm vertrauen.
Er ist zuverlässig.
Wir können über alles reden.
Er liebt mich, wie ich bin.
Er ist attraktiv.

Zur Stadtwohnung notierte ich:

Vier große Zimmer.
Hundert Quadratmeter.
Zentrumsnah.
Schöner Balkon.
Renoviert.

Ich hängte das Plakat und die beiden Listen an die Wand über meinem Bett. Ich war stolz auf mich. Wieder überkam mich eine tiefe Ruhe.

Tipp:

FÜHRE AUCH DU DIESE AUFGABE DURCH.

Es klopfte.
Mein Bruder.
»Hast du Lust, am Freitag mal wieder ins Kino zu gehen?«, fragte Stefan.
»Wir waren lange nicht mehr weg.«
Er hatte recht. Es war bestimmt schon zwei Monate her.
»Ja, such du einen Film aus«, erwiderte ich.

Er schaute sich mein Plakat an.

»Was machst du denn da?«

Ja, was genau machte ich da eigentlich?

»Das sind meine Wünsche.«

»Simsalabim!« Er lachte, nahm einen Stift und wedelte damit, als wäre das ein Zauberstab. Ich fühlte, wie meine innere Ruhe in sich zusammenfiel.

Schnell schickte ich ihn raus und brach in Tränen aus.

Was erhoffte ich mir eigentlich von einem blöden Plakat? Dass eine gute Fee erschien und meine Wünsche erfüllte?

War ich so naiv?

Ich füllte ein Glas mit Rotwein. Dann dachte ich an Lydias Worte: »Vertraue mir.«

Heute hast du deine Gedanken, Gefühle, Reaktionen und Handlungen im Alltag beobachtet. Was denkst du, wie oft waren sie negativ?

Wie oft hast du gejammert?

Wie oft warst du genervt?

Wie oft warst du gestresst?

Wie oft hast du dich selbst schlechtgemacht?

Welche negativen Gedanken kamen immer wieder in dir auf? Vor allem, als du die Übung in der Stille gemacht hast?

Schreibe deine maßgeblichen Hauptgefühle und Verhaltensweisen auf:

Beispiele für negative Gefühle:

ängstlich

nervös

deprimiert

eifersüchtig

traurig
unglücklich
verzweifelt

Beispiele für positive Gefühle:

motiviert
fröhlich
erfüllt
dankbar
glücklich
zufrieden
begeistert

Meine Gefühle:

enttäuscht
traurig
neidisch
unglücklich
einsam

Beispiele für negative Verhaltensweisen:

über andere lästern
grübeln
zweifeln
skeptisch sein
ständig jammern
Schuld immer bei anderen suchen
sich selbst schlechtmachen
Perfektionszwang

in Ängste hineinsteigern
immer recht haben wollen
streitsüchtig sein
alles auf Morgen verschieben
keine Ziele und Wünsche haben
sich Fehler nicht verzeihen
lügen
nicht schätzen, was man hat

Beispiele für positive Verhaltensweisen:

freundlich sein
hilfsbereit sein
Ziele setzen
Träume verwirklichen
an sich glauben
die Zukunft optimistisch sehen
Beitrag zur Gemeinschaft leisten
Ängste und Frust abbauen
achtsam sein
sich selbst loben
sich seiner Stärken und Talente bewusst werden
sich selbst lieben
lächeln
verzeihen können
zuverlässig sein
Liebe geben

Meine Verhaltensweisen:

Ich lebte in der Vergangenheit.

Ich hatte meinem Bruder nicht meine Meinung gesagt, als er sich über meine Wünsche lustig machte.
Ich grübelte ständig.
Ich jammerte oft.
Ich zweifelte an Lydias Buch.

Tipp :

FÜHRE AUCH DU DIESE AUFGABE DURCH.

Du fragst dich bestimmt, warum das alles?
Ganz einfach: Wir werden dein Leben mit dem »Gesetz der Anziehung« komplett nach deinen Wünschen verändern.

Am besten erkläre ich hier erst einmal, wie das Gesetz der Anziehung funktioniert. Für mich persönlich ist es sehr mit dem Universum verbunden, da es ein universelles Gesetz ist. Deshalb rede ich auch vom Universum.

Es hat aber zugleich auch mit deinem Unterbewusstsein zu tun.

Das Gesetz der Anziehung

Du ziehst das in dein Leben, worauf du deine Aufmerksamkeit richtest.

Hast du schlechte Gedanken, ziehst du schlechte Ereignisse in dein Leben.

Hast du gute Gedanken, ziehst du gute Ereignisse in dein Leben.

Das Universum reagiert auf die Schwingungen, die du aussendest.

Wenn du nur über Probleme jammerst, strahlst du diese Schwingung aus und bekommst noch mehr davon.

(Das passiert aber erfreulicherweise nicht sofort. Es gibt eine Verzögerung. Solltest du also einmal negativ denken, ziehst du nicht sofort Negatives an. Aber konzentriere dich, sobald du es merkst, auf Positives.)

Ich denke, du hast sehr viele negative Gedanken und Verhaltensweisen aufgeschrieben.
Wir versuchen nun, dein Denken ins Positive zu ändern, damit sich schon bald dein Leben positiv verändert.

Ich schlug das Buch zu. Ich war überfordert.
In diesem Moment wollte ich nur abschalten. Noch ein Glas Wein und fernsehen, bis ich in einen tiefen, traumlosen Schlaf fiel.

Donnerstag, 4. Februar 2016

Auch am heutigen und morgigen Tag würde ich die Mittagspause allein verbringen müssen, da Anna donnerstags und freitags halbtags und oft auch in einem anderen Gebäude arbeitete.

Diese Tage waren am schlimmsten für mich, denn sie wollten nicht vergehen.

Gegen 10 Uhr schlug ich das Buch auf.

Schreibe mindestens 20 Punkte auf, für die du dankbar bist.

Ich dachte lange darüber nach. Doch diese Aufgabe fiel mir sehr schwer. Bis zum Feierabend hatte ich nur 4 Punkte gefunden:

Mama.
Mein Bruder.
Anna.
Mein Job. Aber auch nur, weil er Geld einbrachte und von Montag bis Mittwoch Kontakt zu Anna.

Tipp:

FÜHRE AUCH DU DIESE AUFGABE DURCH.

Wir wollten heute nach dem Essen eine Runde Karten mit Onkel Bernd spielen.

Das machten wir öfter. Bernd wohnte nur eine Straße weiter.

Er lebte schon lange getrennt von seiner Frau, aber er hatte guten Kontakt zu seinen Kindern, anders als Stefan und ich zu unserem Vater.

Heute musste das Buch warten.

Aber ich hatte 2 weitere Punkte gefunden, für die ich dankbar war:

Bernd, der sich vermutlich um mich sorgt.

Unsere Spieleabende.

Der Abend verlief entspannt.

Wir spielten Black Jack. Die Männer tranken Bier und meine Mutter und ich Wein.

Ich traute mich aber nicht, Bernd auf Lydia anzusprechen.

»Wie geht's dir, Susi?«, wollte er irgendwann wissen.

»Alles bestens bei mir, und bei dir?« Ich wollte mir vor ihm nicht die Blöße geben, wie mein Leben wirklich aussah. Zumal er mit Lydia über mich geredet hatte.

»Ja, bei mir auch. Immer viel zu tun.«

Er leitete eine kleine Schreinerfirma.

»Ich freu mich natürlich, bald Opa zu sein.« Er strahlte voller Stolz.

Linda, meine Cousine, erwartete ihr erstes Kind. Sie lebte mit ihrem Mann in Köln.

Sie arbeiteten beide bei der Bank.

Jens, mein Cousin, hatte erst vor Kurzem geheiratet. Er war Architekt und verbrachte mit seiner Frau gerade die Flitterwochen in Singapur.

Bei ihnen lief es gut.

Sie waren beide noch keine dreißig.

Nach drei Gläsern Wein sanken meine Hemmungen. Ich musste wissen, warum das Paket von Bali gekommen war.

»Was macht Lydia? Ich hatte lange keinen Kontakt mehr zu ihr«, fragte ich Bernd.

»Wir telefonieren hin und wieder. Momentan ist sie mit Mike auf Bali«, antwortete mein Onkel.

»Mike?«

»Ihr Mann seit zwei Jahren.«

»Machen sie Urlaub?«

»Sie leben auf Bali und in Deutschland. Wie sie es gerade möchten.«

»Könnt ihr aufhören, über sie zu sprechen?«, klagte meine Mutter.

»Ach, Brigitte, ihr wart mal so gute Freundinnen und Kolleginnen«, widersprach Bernd ernst.

»Ja, das war einmal.«

»Was ist eigentlich zwischen euch vorgefallen?«, wollte ich wissen.

»Lydia führt ihr Traumleben. Das ist vorgefallen«, sagte Bernd bestimmt. Brigitte stand auf und verließ das Zimmer, Stefan folgte ihr.

Bernd verdrehte die Augen.

»Was ist denn ihr Traumleben?«

»Sie war es leid, in einem Büro zu arbeiten. Sie hat sich selbstständig gemacht als Lebensberaterin und vielen Leuten geholfen, zwei Bücher geschrieben, sich von ihrer schlechten Ehe getrennt, den Jakobsweg absolviert, eine Weltreise gemacht, Mike kennengelernt und sich mit ihm auf Bali niedergelassen. Ihre Tochter ist ja erwachsen.«

Wow. Ich war sprachlos.

Unten in meinem Zimmer widmete ich mich doch noch dem Buch. Es strahlte eine magische Anziehungskraft auf mich aus.

Du hast 20 Punkte aufgeschrieben, für die du dankbar bist.
Hast du dabei auch an Dinge gedacht, die für dich selbstverständlich sind?

- *dass du gesund bist*
- *sauberes Wasser*
- *Essen*
- *Strom*

- *Heizung*
- *Bildung*
- *eine Toilette*
- *warme Dusche*
- *ein Bett*
- *Kleidung*

An diese Dinge hatte ich natürlich nicht gedacht.

Ich fing an zu schreiben:

Mama.
Mein Bruder.
Anna.
Mein Job, aber nur weil er Geld einbringt und von Montag bis Mittwoch Kontakt zu Anna.
Bernd, der sich vermutlich um mich sorgt.
Unsere Spieleabende.
Dass meine Mutter ein großes Haus hat, in dem ich nach der Trennung von Marco unterkommen konnte.
Ein eigenes Bad im Keller.
Mein Bett mit Mia und Ben.
Geld für Mittagssnacks, um mit Anna die Pause zu verbringen.
Dass Mama kocht, weil ich dadurch Zeit spare.
Dass ich gut nähen kann.

Mehr fiel mir gerade nicht ein.

Ich legte mich zwischen Mia und Ben und dachte über Lydia nach.
Ich sah sie vor mir, in einem Liegestuhl am Strand von Bali, wie sie glücklich an einem Cocktail schlürfte.

Freitag, 5. Februar 2016

Erkenntnis 1:
Werde Herr über deine Gedanken und Handlungen!

Versuche ab sofort, täglich deine Gedanken und Handlungen zu beobachten. Wenn sie negativ sind, lenke sie ins Positive.
Versuche allgemein positiver durchs Leben zu gehen.

Schreibe dir das auf einen Zettel, den du täglich bei dir trägst.

Tipp:

FÜHRE TÄGLICH DIESE ERKENNTNIS DURCH.

Okay!
Ich nahm einen Zettel und schrieb darauf:
Werde Herr über deine Gedanken und Handlungen!

Ich würde gleich zur Arbeit gehen, zum Putzen.
Was war positiv daran?

Ich hatte Arbeit und ich verdiente Geld.
Außerdem war heute Freitag, morgen begann das Wochenende.
Am Abend würde ich mit meinem Bruder ins Kino gehen und den Film »Es«
anschauen.
Meine Mutter kochte freitags immer Pasta.

Das funktionierte doch schon mal gut!

Aber nach zwei Stunden Putzen hatte ich das positive Denken schon wieder vergessen.
Eine Toilette war extrem verschmutzt.
Daran konnte ich wirklich nichts Positives sehen.

In der Mittagspause schlug ich wieder das Buch auf:

Vielleicht fällt es dir schwer, positiv durch den Tag zu gehen. Wenn dich etwas runterzieht, dann versuche Folgendes:

Denke an Dinge, die dich glücklich machen, und gönne dir diese hin und wieder. Dinge, die nichts kosten.
Zum Beispiel ein Gespräch mit deinem Lieblingsmenschen, dein Lieblingsessen, ein heißes Bad …

Wenn du ein Problem hast, siehe die Lösung vor dir.
Wenn du zum Beispiel Streit mit jemandem hast, stelle dir vor, wie ihr euch versöhnt.

Denke auch an Dinge, auf die du dich freust, etwa
ein Konzert deiner Lieblingsband, deinen Geburtstag, Urlaub, einen Termin im Wellnesscenter.

Schreibe eine Liste unter die 1. Erkenntnis.
Was macht dich glücklich? Was ist die Lösung deines Problems? Auf was freust du dich?
Schaue diese immer wieder an, wenn du down bist, und führe die Punkte aus.

Was machte mich glücklich?
Mia und Ben. Diese beiden gaben mir Geborgenheit.
Das Nähen. Dabei konnte ich immer gut abschalten. Leider war es schon viel zu lange her, seit ich dieses Hobby zuletzt ausgeübt hatte.
Das Meer, das ich aber seit meiner Kindheit bedauerlicherweise nicht mehr gesehen hatte.
Pasta.
Schokoladenpudding.

Auf was freute ich mich?
Ich freute mich auf die Mittagspause am Montag, da ich Anna wieder sehen würde, und auf den Kinoabend mit meinem Bruder.

Ich setzte die Aufgabe sofort in die Tat um. Statt Fritten kaufte ich mir im Supermarkt ein belegtes Brötchen und einen großen Becher Schokoladenpudding.

Das tat verdammt gut.

Die Pasta bei meiner Mutter war ebenso Balsam für meine Seele und am Abend im Kino konnte ich komplett abschalten.
Ich kam endlich mal wieder raus.

Auf dem Heimweg versuchte mein Bruder, mich immer wieder zu erschrecken, indem er redete wie der Clown Pennywise.
Er brachte mich damit ständig zum Lachen. Das tat ebenfalls gut.

Vor dem Schlafengehen schaute ich noch einmal in mein Buch.

Erkenntnis 2:
Sei dankbar!

Finde jeden Abend mindestens drei Dinge, für die du an dem Tag dankbar warst.

Tipp:

FÜHRE TÄGLICH DIESE ERKENNTNIS DURCH.

Auch diese Erkenntnis schrieb ich mir auf.

Ich war heute dankbar für den Pudding, die Pasta und den Kinobesuch.

Ich lag zufrieden neben Mia und Ben und freute mich aufs Ausschlafen.

Samstag, 6. Februar 2016

Wir üben heute noch einmal.
Mach heute etwas, das dich glücklich macht!

Tipp:

MACHE AUCH DU HEUTE ETWAS, WAS DICH GLÜCKLICH MACHT!

Ich dachte an die Dinge, die ich gestern aufgeschrieben hatte, und beschloss endlich mal wieder zu nähen.
Ich hatte alles zu Hause, was ich dafür benötigte, und fing einfach an, ohne groß darüber nachzudenken.
Die Zeit verging wie im Flug, weil es mir so viel Spaß machte, einer neuen Puppe Leben einzuhauchen.

Es klopfte.
»Alles okay bei dir?«, fragte meine Mutter.
»Es ist schon 1 Uhr. Sonst kommst du immer früher hoch.«
Sie stellte mir einen Teller mit einem belegten Brötchen und eine Tasse Kaffee hin.
»Danke! Ich nähe wieder«, sagte ich stolz und zeigte ihr die angefangene Puppe.
Meine Mutter lächelte. Sie hatte mir das beigebracht.
Ich wechselte vorsichtig das Thema.
»Was ist zwischen Lydia und dir passiert?«, fragte ich leise.
»Bitte erzähle es mir.«
Meine Mutter seufzte.

»Nun, früher waren wir beste Freundinnen. Wir hatten ja zusammen in einem Büro gearbeitet. Doch plötzlich genügte ihr das nicht mehr. Sie begann, sich weiterzubilden in Psychologie. In dem Alter.« Meine Mutter verdrehte die Augen.

»Auch wurde sie plötzlich sehr spirituell oder eher esoterisch und arbeitete nebenher als Lebensguru.« Ich musste grinsen bei der Ausdrucksweise meiner Mutter.

»Sie schrieb auf einmal gerne und veröffentlichte zwei Bücher.
Außerdem trennte sie sich von ihrem Mann und kündigte ihren Job.
Danach lief sie den Jakobsweg und lernte Mike kennen, und mit ihm ging sie auf Weltreise und kaufte auf Bali einen Bungalow. Ich dachte einfach, ich genüge ihr nicht mehr. Wir hatten immer weniger Kontakt, bis ich ihn dann ganz abbrach.«

War das so, dass man den Kontakt zu alten Freunden verlor, wenn man sich seine Träume erfüllte? Ich nahm mir vor, Lydia das irgendwann zu fragen.

Nachdem meine Mutter weg war, schaute ich bei Amazon nach den beiden Büchern, die Lydia geschrieben hatte. Ich nahm mir vor, sie nach dem »Buch der Erkenntnisse« zu lesen.

Eines handelte von Mediation und das andere hatte autogenes Training zum Thema.

Beide Bücher hatten gute Rezensionen bekommen.

Am Abend war ich mit meiner Puppe fertig.

Ich hatte ihr blondes Haar mit einer blauen Schleife gegeben und nannte sie Anna. Es waren noch einige Puppenkleider da, die meine Mutter vor Jahren genäht hatte. Ich zog der Puppe ein blaues Kleid mit weißen Punkten an und nahm mir vor, sie Anna zu schenken.

Als ich später das Buch wieder öffnete, erfuhr ich eine der wichtigsten Erkenntnisse.

Erkenntnis 3:
Glauben und Visualisieren! Wie du deine Wünsche wahr werden lässt. Erwarte Wunder!

Schließe deine Augen und stelle dir vor, alle deine Wünsche sind schon erfüllt.

Was siehst du?

Wo bist du?

Was tust du?

Wie fühlst du dich?

Wer ist bei dir?

Spüre, wie toll sich das anfühlt, und sei unendlich dankbar dafür.

Das Universum unterscheidet nicht, ob du dir nur etwas vorstellst oder ob du es gerade erlebst.
Wenn du deine Wünsche lebst, als seien sie schon erfüllt, sendet es dir genau das zurück. Deswegen werden deine Wünsche bald vom Unsichtbaren ins Sichtbare kommen.
Du musst dir die Situation nur immer wieder bildlich vorstellen und fest daran glauben.

Glauben
Visualisieren / Erschaffen

Mache das jeden Abend für die nächsten drei Wochen, bevor du die nächste Lektion angehst.

Zu Beginn wird es sehr ungewohnt sein, aber irgendwann wird diese Übung automatisch zu deinem Abendritual gehören.

Tipp:

MACHE AUCH DU HIER EINE 3-WÖCHIGE PAUSE UND FÜHRE DIE 3 ERKENNTNISSE TÄGLICH DURCH! (SIEHE AB SEITE 6) EMPFOHLEN WIRD MINDESTENS EINE WOCHE PAUSE.

Puh … das war gar nicht so einfach. Ich betrachtete mein Wünsche-Vision-Board und meine Listen und schloss die Augen.

Ich liege im Ehebett in meiner Eigentumswohnung, mitten in Köln.
Neben mir schläft mein Ehemann.
Wir hatten zuvor guten Sex und tolle Gespräche.
Im Zimmer nebenan schlafen unsere Kinder.
Wir müssen am nächsten Tag früh aufstehen, da wir nach Bali zu Lydia fliegen werden.
Ich freue mich sehr darauf, am Strand zu liegen, da ich einige Kilos abgenommen habe.
Ich strahle vor Selbstbewusstsein.
Meine Freunde freuen sich schon, wenn ich wieder zurück bin. Sie schätzen mich sehr. Wir treffen uns öfter. Anna zählt dazu.
Ich verbringe viel Zeit mit dem Nähen von Puppen und mache damit viele Menschen glücklich, da ich diese verschenke.
Ich verdiene gutes Geld.
Ich arbeite als …
Erst sah ich nur Nebel, doch nach drei Atemzügen lichtete er sich.

Ich sah mich in meinem eigenen Laden, in dem ich Selbstgenähtes verkaufte.

Ich öffnete meine Augen und hatte Tränen darin.
Es hatte sich so toll angefühlt.
Und endlich hatte ich eine Vorstellung von meinem Traumberuf.

Montag, 8. Februar 2016

Ich schenkte Anna die Puppe, mit der Begründung, dass sie mir die Arbeit angenehmer mache und ich ihr deswegen sehr dankbar sei.
Sie war sprachlos und bedankte sich bestimmt zehnmal.

Die nächsten drei Wochen ging ich jeden Tag alle drei bisherigen Erkenntnisse durch.

Das klappte besser als gedacht.
Immer wenn ich anfing, negativ zu denken, dachte ich an Dinge, die mich glücklich machten, und tat etwas, das mir Freude bereitete.
Ich nähte zwei weitere Puppen. Ich nahm ein Bad mit meinem Lieblingsschaumbad Lavendel. Ich schaute meine Lieblingsfilme an. Ich betrachtete den Sonnenuntergang und auch die Sterne. Ich las einen spannenden Krimi.
Ich ging in der Natur spazieren. Ich aß Pudding.
Ich freute mich auf die Mittagspausen mit Anna, auf unsere Gespräche und auf die Spieleabende mit meiner Familie.
Wenn ich ein Problem bei der Arbeit hatte, sah ich direkt die Lösung vor mir und es löste sich meistens sehr schnell.
Ich war offen für Wunder.
Ich hatte zwar auch negative Gedanken, aber ich wurde mir diesen gleich bewusst und konnte gegensteuern.

Jeden Abend bedankte ich mich für drei Dinge beim Universum. Ich fand mittlerweile jeden Tag Dinge, für die ich dankbar war. Es fiel mir leichter als noch am Anfang.

Das waren mal ein Kaffee am Morgen, Gespräche mit Anna, ein Lieblingslied im Radio, das Wetter, ein Sitzplatz im Zug, ein guter Film, der mich fesselte, meine Lieblingssoap, dass meine Puppen so toll wurden, dass ich einen Euro auf der Straße fand, ein schöner Traum, der Anblick des Sonnenunterganges und der Sterne und die Stille der Natur ...

Und jeden Abend fantasierte ich mich in mein Traumleben.
Das hinterließ jedes Mal ein sehr schönes Gefühl in mir.

Nach diesen drei Wochen merkte ich, dass ich schon viel positiver durchs Leben ging als früher.

Freitag, 4. März 2016

Am Freitag nach der Arbeit kam mein Bruder zu mir ins Zimmer und fragte, ob ich mit ihm einen Cocktail trinken gehen wollte.

Wir fuhren in die Innenstadt zu unserer Lieblingsbar und bestellten jeweils einen Mojito.

Ich stieß heimlich auf mich an und lächelte vermutlich vor mich hin, da Stefan mich sofort darauf ansprach.

»Hast du wieder einen Freund?«, fragte er und zwinkerte.

»Nein, wie kommst du denn darauf?«

»Du wirkst in letzter Zeit anders …«

»Was heißt denn anders?«

»Irgendwie fröhlicher«, meinte er.

»Ich ändere gerade etwas in meinem Leben und mache mehr Dinge, die mich glücklich machen. Das solltest du auch tun.«

Mein Bruder nahm einen großen Schluck von seinem Cocktail.

»Stefan, bist du glücklich, so wie dein Leben gerade ist?«, fragte ich ernst.

Ich konnte es mir beim besten Willen nicht vorstellen.

Meines Wissens hatte er noch nie eine Freundin gehabt, geschweige denn Sex. Aber ich wollte ihn nicht darauf ansprechen.

»Das Leben ist, wie es ist.«

So wie er hatte ich jahrelang auch gedacht. Aber nun wusste ich, dass es schon reichte, wenn man seine täglichen Gedanken etwas ändert, um glücklicher zu werden.

»Wenn ich fertig bin, gebe ich dir das Buch von Lydia. Da lernst du vieles, was dich glücklicher macht.«

»Ne, lass mal, ich glaube nicht an so etwas.«

Mehr wollte mein Bruder darüber nicht mehr wissen.

Das war schade, aber so dachten wohl die meisten Menschen. Sie nahmen ihr Leben einfach hin, auch wenn es nicht gut lief. So war ich auch immer gewesen.

Doch nun hatte ich durch das Buch mein Denken etwas verändert und fühlte mich schon um einiges besser.
Man konnte jedoch niemand zu seinem Glück zwingen.

Mir fiel auf, dass ich mir in diesen drei Wochen kein einziges Mal in Facebook das Profil von Marco angesehen hatte.
Das machte mich stolz.

Auch schlief ich abends viel schneller ein, seit ich den Tag mit guten Gedanken beendete.

Samstag, 5. März 2016

Heute hatte meine Mutter Geburtstag. Ich wollte ihr die zwei Puppen schenken, die ich genäht hatte.
Ein Junge und ein Mädchen, Emil und Ida.

Meine Mutter hatte früher ständig genäht: Kleider, Handtaschen und Vorhänge.
Ich fand es schade, dass sie ihr Hobby aufgegeben hatte.
Den Grund wusste ich nicht. Sie sagte immer nur, sie habe keine Geduld mehr dazu.

Erkenntnis 4:
Baue deine Wünsche in deinen Alltag ein!

Wenn du im Stau stehst, beim Einkaufen bist, Auto fährst oder im Wartezimmer beim Arzt sitzt, tue so, als seien alle deine Wünsche schon erfüllt.

Tipp:

NIMM DIESE ERKENNTNIS ZU DEINER TÄGLICHEN ROUTINE DAZU.

Diese Aufgabe stellte ich mir etwas schwierig vor, doch ich nahm mir vor, sie heute auszuprobieren.
Ich musste für die Geburtstagsfeier noch einige Lebensmittel besorgen.
Am Abend wollten Bernd und Heike, eine Freundin meiner Mutter, zum Essen kommen.
Es sollte Hackbraten mit Nudeln und Feldsalat geben.

Während ich durch den Lebensmittelladen ging, stellte ich mir vor, …

dass mein Mann und meine beiden Kinder am Abend auch zum Geburtstagsfest meiner Mutter kommen würden und dass meine Mutter es liebt, Zeit mit ihren Enkeln zu verbringen.

Ich sah vor meinem Auge unsere Eigentumswohnung in der Innenstadt, in der ich gleich den Salat zum Mitbringen zubereiten würde.

Meine Freunde wohnen in der Nähe. Wir treffen uns regelmäßig.

Meine Familie und ich haben schon unseren Urlaub auf Bali gebucht, um Lydia zu besuchen.

Mein Laden läuft super. Ich habe mein Hobby zum Beruf gemacht. Ich verkaufe selbst genähte Handtaschen und Puppen. Ich nehme genügend Geld ein.

Ich strahle vor Selbstbewusstsein.

Am Abend würde ich ein tolles rotes Kleid tragen, in dem meine schlanke Figur gut zur Geltung kam, und ich …

»Erde an Susi. Erde an Susi.«

Es fühlte sich an, als würde ich vom Blitz getroffen. Ich blieb abrupt stehen.

»Na endlich. Ich habe schon dreimal deinen Namen gerufen.«

Es war Marco.

Er strahlte mich an.

Er trug ausgewaschene Jeans und einen roten Hoodie.

»Hey.«

Mehr brachte ich nicht heraus.

»Wie geht's dir? Wir haben uns ja lange nicht gesehen.«

»Allerdings! Zuletzt, als ich an deinem Handy war und von Christina erfuhr«, dachte ich.

Ich riss mich zusammen.

»Mir geht's gut, und dir?«

»Schatzi.«

Christina kam mit einem Einkaufswagen auf uns zu. Darin stand eine Babyschale, in der ein Neugeborenes in einem rosa Schneeanzug schlief.

Sie trug schwarze Stiefel sowie ein enges braunes Kleid, das ihre top Figur betonte, und schmiegte sich an Marco.

Ihre blonden Haare warf sie nach hinten.

Ich kam mir mit meiner normalen Jeans, der schwarzen Jacke, ungeschminkt und mit Pferdeschwanz vor wie ein Wesen von einem anderen Stern.

»Wer ist das denn?«, fragte sie und musterte mich abschätzig von oben bis unten.

»Nur eine Bekannte von früher.«

Marco drehte sich weg von mir und küsste Christina leidenschaftlich.

Schlimmer hätte kein Alptraum für mich sein können.

Ich packte meinen Einkaufswagen, versuchte, meine Tränen zu unterdrücken, und stürmte so schnell ich konnte zur Kasse.

Ich wollte den dreien nicht noch einmal begegnen. Ich kam mir so gedemütigt vor.

Im Auto ließ ich meine Tränen zu.

Ich weinte so heftig wie lange nicht mehr.

Das war ein absoluter Rückschlag, denn es tat mir immer noch verdammt weh, ihn mit ihr und jetzt auch noch mit Baby zu sehen. Gestern war ich noch so stolz gewesen, dass ich drei Wochen nicht mehr auf seinem Profil gewesen war. Und nun das!

Ich versuchte, mich so gut wie möglich abzulenken, indem ich meiner Mutter beim Kochen half, den Tisch deckte und schon zwei Gläser Wein intus hatte.

Ich wusste, dass Alkohol keine Lösung war, und ich hoffte inständig, dass ich kein Alkoholproblem hatte.

Ich musste aufhören zu trinken. Mein Opa war Alkoholiker gewesen und mit 64 Jahren daran gestorben. Aber heute konnte ich nicht anders.

Mein Herz schmerzte zu sehr!

»Ist alles in Ordnung mit dir?«, fragte meine Mutter, während ich den Salat putzte.

Ich dachte an meine Vision, die ich noch im Laden gehabt hatte.

Sie war mit einem Mal zerplatzt.

»Ich habe etwas Kopfschmerzen«, log ich.

Ich wollte ihr nichts von Marco erzählen, denn sie dachte, ich wäre längst über ihn hinweg.

Meiner Mutter zuliebe riss ich mich zusammen und machte gute Miene während des Essens.

Doch positiv denken konnte ich momentan nicht.

Selbst als alle meine Puppen bewunderten, empfand ich keinen Stolz mehr.

Bernd erzählte viel von seiner Firma. Ich hörte kaum zu.

Doch dann kam er auf sein ungeborenes Enkelkind zu sprechen.

»Momentan schreinere ich eine Wiege«, erzählte er stolz.

Heike, die Freundin meiner Mutter, war begeistert.

»Ich werde auch bald zum ersten Mal Oma und bin so stolz auf meine Tochter. Sie hat letztes Jahr geheiratet und ist eine erfolgreiche Anwältin für Strafrecht.«

Sie erzählten beide von dem Glück ihrer Kinder.

Mir reichte es.

Ich zog mich in mein Zimmer zurück, mit der Begründung, krank zu sein.

Sonntag, 6. März 2016

Ich verbrachte auch den gesamten Sonntag im Bett mit meinen trüben Gedanken und suchte Trost bei Mia und Ben.
Meine Mutter brachte mir eine Hühnersuppe, doch erzählen wollte ich ihr immer noch nichts.
Sie nahm mir meine angebliche Krankheit ab.

Am Abend betrachtete ich mein Wünsche-Vision-Board, meine Listen und das Buch.

Dann kam mir eine der wichtigsten Erkenntnisse, nämlich meine eigene:

Wie konnte ich mir nur von einem einzigen Menschen mein Leben so verderben lassen?

War ich eigentlich blöd?
Ich beschloss, das sofort zu ändern.
Marco durfte keine Macht mehr über mein Leben haben und außerdem hatte ich jemand viel Besseres verdient.

Ich setze mich auf mein Bett und schloss meine Augen.

Erkenntnis 1:

Ich würde weiterhin positiv bleiben, so wie die letzten Wochen, und mich nicht von Marco herunterziehen lassen.
Ich sah vor mir, wie ich ihm begegnen konnte, ohne Gefühle für ihn zu haben.

Ich würde wieder Dinge tun, die mich glücklich machten, und fing gleich damit an.
Ich legte mich in die Wanne und ließ mich von Lavendelduft einhüllen.

Ich freute mich darauf, Anna morgen wiederzusehen.

Erkenntnis 2:

Ich überlegte, für welche drei Dinge ich dankbar war:

Auf jeden Fall für die Erkenntnis, die ich gerade hatte.

Dafür, dass ich meiner Mutter mit meinen Puppen eine Freude machen konnte.

Für das leckere Essen gestern.

Erkenntnis 3 und 4

nahm ich zusammen, da es schon Abend war.
Ich sah wieder mein Traumleben vor mir:

Mein Mann und meine zwei Kinder sitzen im Wohnzimmer unserer eigenen Stadtwohnung und schauen einen Film, während ich in der Wanne entspanne. Unsere Koffer sind gepackt. Am nächsten Tag würden wir zu Lydia fliegen. Ich habe eine tolle Clique, darunter Anna. Mein Laden mit dem Selbstgenähten läuft super.
Ich habe meine Traumfigur und strahle vor Selbstbewusstsein.

In den nächsten beiden Wochen übte ich fleißig weiterhin meine vier Erkenntnisse. Ich ließ das Buch beiseite, bis alle Erkenntnisse wieder fest in meinem Kopf verankert waren.

Ich wandte Erkenntnis 4 beim Zahnarzt, im Stau und bei der Arbeit an.

Ich nähte drei weitere Puppen, ging oft in der Natur spazieren und blockte Marco und Christina in Facebook. Das tat verdammt gut.

Ich sah vor mir, wie ich Marco gefühllos begegnen konnte, und sagte mir immer wieder, dass er es nicht wert war, mich wegen ihm schlecht zu fühlen.

Doch das klang einfacher, als es war.

Ich hatte immer noch hin und wieder einen Tiefpunkt wegen ihm.

Aber ich war mir sicher, irgendwann würde auch das vorbeigehen.

Ich freute mich auf die Gespräche mit Anna und die Spieleabende mit meiner Familie.

Ich fand täglich drei Dinge, für die ich dankbar war, und jede Nacht tauchte ich in mein Traumleben ein.

Ich ging wieder positiver durchs Leben.

Tipp:

MACHE AUCH DU HIER EINE 2-WÖCHIGE PAUSE UND FÜHRE TÄGLICH DIE BISHERIGEN 4 ERKENNTNISSE DURCH! EMPFOHLEN WIRD MINDESTENS EINE WOCHE PAUSE.

Montag, 21. März 2016

Meine Mühe zahlte sich bald aus.

Anna vertraute mir ihre Sorgen an, nachdem sie während der Arbeit in
Tränen ausgebrochen war.
Sie und ihr Mann hätten nur noch wenig Sex, da sie kaum noch Lust
verspürte.
Das führe häufig zu Streit. Dieses Geständnis war ein großer Vertrau-
ensbeweis.
Ich konnte erkennen, dass selbst bei den Menschen Probleme auftauch-
ten, von denen ich dachte, sie führten ein Traumleben.
Ich empfahl ihr, mit ihrem Mann zu einer Sexualberatung zu gehen.
Darüber hatte ich schon Gutes gelesen.

Ihr Mann war damit einverstanden und so hatten sie schon innerhalb von
wenigen Tagen ihre erste Beratung hinter sich.
Es tat beiden gut, offen und mit einer neutralen Person über ihr Problem
zu reden, und sie hatten nun alle zwei Wochen einen Termin.

Es freute mich, dass ich zur Lösung des Problems hatte beitragen können,
und Anna war mir sehr dankbar.

Montag, 28. März 2016

»Was machst du denn am Wochenende?«, fragte Anna, als wir die Mittagspause an der Frittenbude verbrachten.

Ich wollte mir wieder etwas ausdenken, aber mir fiel auf die Schnelle nichts ein.

»Ich feiere mit meinen Mädels in meinen Geburtstag rein und würde dich gerne einladen. Für mich bist du mittlerweile eine gute Freundin geworden.«

Mir fehlten die Worte.

»Ich komme sehr gerne«, stammelte ich.

Ich fühlte mich zwar nicht wohl unter fremden Leuten, aber daran wollte ich im Moment nicht denken. Dazu war ich zu glücklich.

»Es funktioniert!«, war der einzige Gedanke, der mir im Kopf umherschwirrte.

Nach der Arbeit schlenderte ich durch die Innenstadt. Ich wollte Anna etwas Besonderes schenken, auch wenn sie meinte, ich solle ihr, aufgrund der Puppe, nichts mehr schenken.

Ich wusste, dass Anna die Willow-Tree-Figuren sammelte, denn sie zeigte mir oft Fotos davon. Sie hatte sogar eine eigene Vitrine für die Figuren aufgebaut. Deswegen suchte ich nun danach.

Ich fand eine Figur, die symbolisch für Freundschaft stand und die ich noch nicht bei ihr gesehen hatte. Ich hoffte, dass sie diese wirklich noch nicht besaß.

Motiviert vom ersten Erfolg konzentrierte ich mich weiter auf die vier Erkenntnisse, bis der Geburtstag von Anna bevorstand.

Sie feierte in einem kleinen Restaurant.

Ich war sehr aufgeregt, schließlich würde ich nur Anna kennen. Was, wenn mich von den anderen keiner mochte?

Doch aus der Vergangenheit wusste ich, dass Ereignisse, vor denen man sich fürchtet, oft die tollsten werden.

Tipp:

MACHE AUCH HIER 3 BIS 7 TAGE
PAUSE UND FÜHRE WEITERHIN DIE 4
ERKENNTNISSE DURCH!

Samstag, 2. April 2016

So war es!

Meine Bedenken waren völlig unbegründet gewesen.

Es stellte sich heraus, dass Annas Freundinnen von meiner Waldorfpuppe total begeistert waren und unbedingt auch eine wollten.

Ich erzählte ihnen, dass ich noch drei zu Hause hätte und ihnen diese gerne schenken würde. Sie wollten mir Geld dafür geben, aber das wollte ich nicht, da ich kein Gewerbe betrieb.

Und dann fragten sie mich: »Warum eigentlich nicht? Du könntest pro Puppe bestimmt hundert Euro verdienen.«

Wir einigten uns schließlich darauf, dass jede eine Puppe bekommen würde und ich dafür einen anderen Ausgleich:

Sonja würde mir einen kostenlosen Haarschnitt in dem Friseursalon verpassen, in dem sie arbeitete.

Marie, die Steuerberaterin, wollte meine nächste Steuererklärung machen, und Karla bestand darauf, mir ein Kleid zu schenken aus dem Laden, in dem sie arbeitete.

Den restlichen Abend tranken wir Cocktails, aßen und lachten sehr viel.

Anna freute sich sehr über meine Willow-Tree-Figur, diese hatte sie tatsächlich noch nicht.

Die Frage »Warum eigentlich nicht?«, ließ mich danach nicht mehr los.

Noch in der Nacht widmete ich mich wieder dem Buch.

Erkenntnis 5:
Erreiche deine Wünsche durch Eigeninitiative noch schneller!

Was kannst du aktiv dafür tun, um deine acht Lebensbereiche zu verbessern?

Finde jeden Monat pro Bereich mindestens 1 Punkt und erfülle diesen in den nächsten Wochen. Mache erst danach mit dem Buch weiter.

Beispiele:

Traumpartner
Bist du mental überhaupt bereit für deinen Traumpartner?
Hat er Platz in deinem Leben?
Räume in deinem Schrank einen Platz für ihn frei.
Halte Bettwäsche und eine Zahnbürste für ihn bereit.

Gesundheit
Benutze statt des Aufzugs die Treppe.

Persönlichkeitsentwicklung
Lies ein Buch zu einem Thema, das dich interessiert.

Ich überlegte und schrieb auf:

Gesundheit:
Gesünder essen in der Mittagspause, statt Fast Food. Nur noch zweimal die Woche ein Glas Wein.

Liebe / Partnerschaft:
Platz im Schrank freiräumen.
Zahnbürste kaufen.

Familie:
Mit der Familie in den Urlaub fliegen. Das konnten wir alle gut gebrauchen.

Finanzen:
Mit meinen Puppen Geld verdienen.

Freunde / soziale Beziehungen:
Mit Anna privat verabreden.

Arbeit / Berufung:
Ein Gewerbe anmelden.

Freizeit / Hobbys:
In den Urlaub fliegen.

Persönlichkeitsentwicklung / Spiritualität:
Das Buch weiter aktiv bearbeiten und alle Erkenntnisse anwenden.

Tipp:

MACHE AUCH DU ERST WEITER, WENN
DU DIESE AUFGABE UMGESETZT HAST!
FÜHRE ERKENNTNIS 5 ALLE VIER WOCHEN
DURCH.

In den nächsten zwei Wochen passierte Folgendes:

Ich führte selbstverständlich weiterhin fleißig die Erkenntnisse durch.

Ich räumte für meinen Traumpartner Platz in meinem Schrank frei und kaufte eine Zahnbürste für ihn.

Gleich am Montag gab ich Anna die drei Puppen mit, die sie an ihre Freundinnen verteilte.

Ich ernährte mich gesünder. Ich kaufte mir in den Mittagspausen einen Salat und ich trank nur noch zweimal die Woche ein Glas Wein. Dadurch verlor ich gleich drei Kilo in zwei Wochen.

Ich gönnte mir einen neuen Haarschnitt bei Sonja. Sie schaffte es, mein widerspenstiges Haar etwas zu bändigen, und gab mir ein teures Shampoo mit nach Hause.

Ich ließ mich von Karla mit einem bordeauxroten Sommerkleid für den Urlaub einkleiden.

Ich meldete persönlich ein Gewerbe bei der Stadt an.

Ich setzte eine Anzeige in Facebook und bot darin handgenähte Puppen für 80 Euro pro Stück an. Dafür verwendete ich ein Foto von Mia und Ben. Innerhalb von drei Tagen bekam ich zehn Anfragen. Mehr konnte ich nicht annehmen, da ich aus Zeitgründen nur zwei Puppen in der Woche nähen konnte.
Die Kunden waren mit einer Wartezeit zufrieden und zahlten vorab per PayPal.

Ich buchte für meine Mutter, meinen Bruder und mich »last Minute« eine Woche Fuerteventura.
Da ich noch sehr viele Urlaubstage übrig hatte, war das kein Problem, ich bekam vier Wochen frei.
Zur Finanzierung verwendete ich die Einnahmen für meine Puppen und einen Teil meiner Rücklagen für Notfälle. Und das war ein Notfall:
Ein Urlaub war längst überfällig!

Ich fragte Anna, ob sie etwas mit mir unternehmen wolle. Daraufhin lud sie mich zu ihren regelmäßigen Mädelsabenden in eine Bar ein.

Wenn ich Lust dazu hätte, könnte ich gerne jedes Mal mitkommen, meinte sie.

Die anderen seien einverstanden, sie mochten mich. Ich war überglücklich.

»Mädels, wir müssen auf Susi anstoßen. Sie hat ein Gewerbe angemeldet und schon einige Aufträge bekommen«, verkündete Anna und hob ihr Cocktailglas.

»Das ist wunderbar!«, rief Karla begeistert.

»Du wirst bestimmt reich, mit so viel Talent!«, meinte Sonja.

Und Marie bemerkte: »Wir kennen uns zwar erst seit Kurzem, aber ich bin sehr stolz auf dich!«

Ich strahlte und stieß mit allen an.

»Und sie fliegt endlich in den Urlaub! Dass ich das noch erleben darf …«, ergänzte Anna fröhlich. Alle lachten und ich fühlte mich so glücklich wie lange nicht mehr.

Montag, 18. April 2016

Ich saß an unserem ersten Urlaubstag in meinem neuen Kleid am Strand von Fuerteventura und betrachtete den Sonnenuntergang.
Meine Mutter und mein Bruder hatten sich an die Bar verzogen.

Ich wollte eine Weile allein sein und endlich konnte ich wieder mit meinem Buch weitermachen. Wie empfohlen vergab ich erneut Punkte für meine Zufriedenheit in den acht Lebensbereichen.

Gesundheit:
Ich ernährte mich gesünder und trank weniger Alkohol.
6 Punkte

Liebe / Partnerschaft:
In der Liebe tat sich noch nichts. Aber ich dachte seltener an Marco.
0 Punkte

Familie:
Der Urlaub tat uns als Familie gut und schweißte uns noch mehr zusammen. Nur das Vaterthema war noch vorhanden.
5 Punkte

Finanzen:
Ich verdiente jetzt Geld mit meinem Hobby.
Ich hatte innerhalb kurzer Zeit 800 Euro eingenommen.
Bald schon könnte ich anfangen, meine Schulden zurückzuzahlen.
7 Punkte

Freunde / soziale Beziehungen:
Ich hatte Anna als Freundin und ich hoffte, dass ich mit der Zeit auch richtig zur Clique dazugehören würde.
5 Punkte

Arbeit / Berufung:
Ich startete mit meinem Gewerbe durch.
5 Punkte

Freizeit / Hobbys:
Ich nähte wieder. Ich war auf Fuerteventura.
Ich traf mich jetzt alle zwei Wochen mit der Clique.
7 Punkte

Persönlichkeitsentwicklung / Spiritualität:
Mithilfe des Buches arbeitete ich fleißig an mir.
5 Punkte

Das ergab 40 Punkte – und zudem hatte ich mir schon einige Wünsche von meinem Wünsche-Vision-Board erfüllt:

Ich war am Meer.

Ich hatte mein Hobby wieder aufgenommen und verdiente sogar Geld damit.

Ich unternahm etwas mit Anna und der Clique.

Ich ernährte mich gesünder, wodurch ich abnehmen konnte.

Ich fühlte mich selbstbewusster.

Ich war sehr stolz auf mich und auf das, was ich bisher erreicht hatte.

Alles fühlte sich im Moment genau richtig an. Ich war auf einem sehr guten Weg und fühlte mich glücklich und zufrieden.

Tipp:

WENN DU MAGST, MACHE AUCH DU
DEN TEST ERNEUT UND PRÜFE, OB SICH
SCHON ETWAS VERBESSERT HAT.

Lydia hatte zwar geschrieben, dass sie sich bei mir melden wolle, doch ich nahm mir vor, ihr eine Postkarte zu schreiben, um mich bei ihr zu bedanken.

Ich setzte mich zu meiner Familie an die Bar und bestellte einen alkoholfreien Cocktail.
Auch im Urlaub wollte ich mein Vorhaben, weniger Alkohol zu trinken, durchziehen.
Ich erzählte von meinem Plan, Puppen zu nähen und zu verkaufen.
Meine Mutter war anfangs etwas skeptisch, aber dann fand sie die Idee immer besser.
»Wie viel verlangst du pro Puppe?«, wollte mein Bruder wissen.
»Laut Internet könnte ich locker über 100 Euro verlangen. Ich habe jetzt mal mit 80 Euro begonnen.«
»Du kannst ruhig mehr verlangen. An einer Puppe sitzt du ja einige Stunden«, meinte meine Mutter.
»Ich weiß, aber es macht mir ja auch unglaublich viel Spaß und ich kann dabei richtig gut abschalten.«

»Vielleicht bist du dann bald reich«, meinte mein Bruder zuversichtlich.
»Mama, wenn du magst, könntest du vielleicht Kleider für die Puppen nähen? Ich habe nicht mehr so viele und müsste sonst welche kaufen.«
Ich sah das Strahlen in den Augen meiner Mutter.
Sie wurde wieder gebraucht.
»Ich werde darüber nachdenken«, sagte sie und ich musste schmunzeln.

Am nächsten Tag nahmen wir einen Mietwagen, um die Insel zu erkunden.
Nachdem wir die Höhlen von Ajuy besichtigt und an einem Strand mit dunklem Sand eine Weile gebadet hatten, bummelten wir durch Costa Calma.

Ich kaufte eine Postkarte mit dem Motiv des Strandes von dort für Lydia und schrieb ihr in meinem Hotelzimmer.

Liebe Lydia,

ich bin dir sehr dankbar für das »Buch der Erkenntnisse«.
Ich habe schon einiges in meinem Leben zum Positiven verändert.
Wie du siehst, bin ich gerade auf Fuerteventura :)

Liebe Grüße,
Susi

Bernd schickte mir ihre Adresse per WhatsApp, sodass ich die Karte gleich abschicken konnte.

Während wir zum Abendessen Paella auf der Hotelterrasse aßen, bemerkte ich, dass ein braun gebrannter Mann mit dunklem lockigem Haar vom Nachbartisch öfters zu mir herüberschaute. Er saß dort mit einem anderen

Mann. Anfangs dachte ich, es wäre eine Einbildung von mir, aber dann prostete er mir mit seinem Weinglas zu. Ich drehte mich verlegen weg.

Nach dem Essen zog ich mich mit meinem Buch wieder an den Strand zurück. Meine Mutter und mein Bruder sorgten sich schon um mich, da ich wieder allein sein wollte. Aber ich versicherte ihnen, dass es mir gut gehe.

Erkenntnis 6:
Selbstliebe!

Sie ist der Schlüssel für jede Beziehung.
Erst wenn du dich selbst lieben kannst, kann eine Beziehung zu jemand anderem funktionieren.

Was magst du an dir?
Was kannst du besonders gut?

Schreibe eine Liste mit mindestens 20 Punkten und schaue diese täglich an. Füge wöchentlich weitere Punkte dazu.

Tipp:

FÜHRE DIESE ERKENNTNIS WÖCHENTLICH DURCH.

Diese Übung fiel mir sehr schwer.
Ich saß zehn Minuten lang da und mir fiel nur eines ein:

Ich kann gut nähen.

»Hey!«

Ich wirbelte herum.

Es war der Mann vom Restaurant, der mir zugeprostet hatte.

»Darf ich mich zu dir setzen?«, fragte er.

Ich rutschte auf meiner Strandmatte etwas zur Seite und er setzte sich neben mich.

»Was liest du da?« Er deutete auf mein Buch.

»Ach, das sind nur meine Notizen.«

»Ein Tagebuch?« Er zwinkerte mir zu.

»So ähnlich.«

Er schaute mir tief in die Augen. Seine waren kastanienbraun und als er lächelte, bekam er kleine Grübchen.

Mich hatte schon lange kein Mann mehr so angesehen.

Ich wurde nervös.

»Wie heißt du denn?«, lenkte ich ab.

»Carsten.« Er reichte mir seine Hand.

»Susi.«

Er erzählte mir, dass er aus München komme und mit seinem Bruder hier zwei Wochen Urlaub mache. Sie seien schon eine Woche hier.

Sein Bruder war gerade im Hotelzimmer, da er jeden Abend mit seiner Frau telefonierte. Er selbst war seit zwei Jahren Single.

Plötzlich ging alles sehr schnell. Er sagte mir, wie schön ich sei, und küsste mich einfach.

Kurze Zeit später landeten wir in meinem Hotelzimmer und hatten Sex.

Es tat verdammt gut, mal wieder einen Mann zu spüren, und vor allem brachte er mein Herz dazu, schneller zu schlagen.

Marco war in diesem Moment komplett vergessen.

Doch als Carsten im Bad war, erlebte ich ein Déjà-vu.

Sein Handy vibrierte und automatisch schaute ich darauf, denn es lag im Bett.

Eine Nachricht von Cora:

Schatz, ich vermisse dich.

Er hatte also eine Frau. Oder zumindest eine Freundin. Es versetzte mir einen Stich.
Ich war zwar noch nicht verliebt, aber ich hatte mal wieder einen Mistkerl angezogen. Was machte ich bloß falsch?
Ich ließ mir nichts anmerken, sondern sagte ihm nur, als er vom Duschen kam, dass er gehen solle, da ich sehr müde war.

Mir wurde klar: Die Erkenntnis stimmte!
Wie sollte sich der Richtige in mich verlieben, wenn ich mich nicht einmal selbst lieben konnte?
Es sollte nicht so weitergehen. Ich wollte nie mehr an einen Mistkerl geraten.

Ich überlegte, was noch toll an mir war.

Meine Haare waren widerspenstig, wenn ich nicht gerade das teure Shampoo von Sonja nahm und es glattföhnte.
Meine Haut war fettig.
Meine Brüste hingen leicht.

Meine Augen! Ich mochte meine hellblauen Augen.

Ich fing an zu schreiben:

Ich mag meine hellblauen Augen.
Ich bin hilfsbereit.
Ich bin zuverlässig.
Ich bin gut organisiert.

Das waren zusammen mit »Ich kann gut nähen« immerhin schon 5 Punkte.

Tipp:

MACHE AUCH HIER 3 BIS 7 TAGE
PAUSE UND FÜHRE DIE BISHERIGEN
ERKENNTNISSE DURCH!

In den nächsten Tagen genoss ich einfach nur meinen Urlaub. Carsten ging ich aus dem Weg. Ich sah ihn nur zweimal kurz beim Frühstück. Ansonsten entspannte ich bei einer Massage, kaufte mir zwei Strandkleider und verbrachte schöne Tage mit meiner Familie.
Es tat uns allen sehr gut.
Meine Mutter blühte richtig auf, seit ich sie gefragt hatte, ob sie mich beim Nähen unterstützen wolle. Sie hatte einige Ideen zu Puppenkleidern und zeichnete sie auf. Ich merkte, dass sie sich am liebsten sofort an die Arbeit gemacht hätte.

Ich machte natürlich fleißig weiter mit den Erkenntnissen.

Positiv zu denken und dankbar zu sein, fiel mir im Urlaub nicht schwer.

Ich war dankbar für:

den Urlaub gebucht zu haben
das tolle Essen
die Sachen, die ich gekauft hatte
dass ich meine Mutter mit meiner Idee glücklich machte
dass Anna mir schrieb, sie vermisse mich

das tolle Wetter
im Meer zu baden
dass ich mit dem Buch weiterkam

Außerdem freute ich mich, dass ich weitere Puppenanfragen bekam.
Ich konnte nur gerade keine weiteren Aufträge annehmen, da ich nach
dem Urlaub schon zehn Bestellungen bearbeiten musste.
Einige Interessenten ließen sich auf eine Warteliste setzen.

Während ich am Strand lag, stellte ich mir oft vor, dass mein Mann und meine
beiden Kinder auch hier wären und dass ich meinen schlanken Körper in der
Sonne bräune.
Dass Anna, Marie, Karla und Sonja meine besten Freundinnen sind und ich
einen eigenen erfolgreichen Laden führe, in dem ich Selbstgenähtes verkaufe.
Dass ich eine Eigentumswohnung in der Innenstadt besitze
und vor Selbstbewusstsein trotze.

Ich fand noch weitere positive Eigenschaften an mir:

gewissenhaft, loyal, liebevoll, fair und natürlich kreativ.
Ich mochte meine Nase, meine Ohren und meine geraden weißen Zähne.

Montag, 25. April 2016

Nach dem Urlaub begannen meine Mutter und ich sofort mit der Arbeit. Ich nutzte die letzte Woche Urlaub, um fünf Puppen zu nähen.
Es machte großen Spaß, mit meiner Mutter zusammenzuarbeiten, und sie entwarf und nähte sehr schöne Kleidung für meine Puppen.

Alle Empfänger waren begeistert von den Puppen, sodass ich sehr gute Rezensionen auf Facebook bekam und daraufhin weitere Aufträge.

Freitag, 29. April 2016

Ich traf mich wieder mit Anna und der Clique und erzählte von den Puppen und meinem Urlaub. Sie waren sehr stolz auf mich. Ich erzählte auch von Carsten.

»Typisch Männer«, meinte Karla.
Ich wusste mittlerweile, dass sie getrennt lebte und eine Tochter hatte.
Mit ihrem Noch-Ehemann befand sie sich in einem Rosenkrieg.
Sonja war mit einer Frau liiert und Marie hatte einen Freund und einen Sohn aus ihrer ersten Beziehung.
Anna widersprach: »Das kannst du nicht verallgemeinern.«
»Na, du hast ja auch Kai. Der ist ein Guter«, gab Karla zurück.
»Aber sieh dir Florian an. Er poppt eine, die seine Tochter sein könnte.«

Ich hoffte sehr, dass es irgendwo da draußen den Richtigen für mich gab.
Doch bisher war er noch nicht in Sicht.

Sonntag, 1. Mai 2016

Am Abend, nach dem Nähen einer weiteren Puppe, nahm ich mir wieder Zeit für mein Buch.

Es gibt Wünsche, die gehen einfach nicht in Erfüllung. Egal, wie oft man visualisiert, positiv denkt, dankbar ist und sich genügend Selbstliebe gibt. Das liegt an den fest verankerten negativen Glaubenssätzen.

Glaubenssätze sind »deine persönliche Wahrheit«. Negative Glaubenssätze wirken seit unserer Kindheit oder unseren ersten negativen Erfahrungen fest in unserem Unterbewusstsein.

Ich zähle einmal einige auf:

Ich finde nie einen passenden Partner.
Ich habe immer Pech.
Andere werden immer bevorzugt.
Das Leben ist schwierig.
Ich bin zu blöd dafür.
Geld macht unglücklich.
Alle Reichen sind Verbrecher.
Ich bin ein Angsthase.
Ich bin ein Versager.
Wer hoch hinaus will, fällt tief.

Solche negativen Glaubenssätze hindern dich daran, das Leben zu erschaffen, das du dir wünschst.
Denn nur das Vorstellen allein reicht leider nicht. Der Glaube daran ist sehr wichtig!

Du musst fest davon überzeugt sein, dass dein Wunsch auf dem Weg zur dir ist! Erst dann geht er in Erfüllung!

Schau dir deine Lebensbereiche an, die noch nicht nach deiner Vorstellung funktionieren.
Was könnte dein dahinterstehender Glaubenssatz sein?
Nimm dir einige Tage Zeit, dies herauszufinden.

Tipp:

MACHE AUCH HIER 3 BIS 7 TAGE PAUSE UND FINDE DEINE GLAUBENSSÄTZE HERAUS!

Das fand ich sehr interessant und es erklärte einiges.
Der Lebensbereich, der in meinem Leben noch nicht gut lief, war »die Liebe«. Und es stimmte: Ich glaubte nicht daran, dass sich das bald ändern könnte.
Doch was konnte der Glaubenssatz sein?

Meine erste Liebe hieß Finn. Ich war fünfzehn und er war eine Klasse über mir im Abschlussjahr.
Ich war nie sonderlich beliebt gewesen in der Schule. Deswegen war ich sehr stolz, als ich mit ihm zusammenkam.
Wir lernten uns im Bus kennen. Er lud mich ins Kino ein.
Wir waren zwei Jahre ein Paar und mit ihm erlebte ich mein erstes Mal. Ich war sehr verliebt.
Durch ihn hatte ich eine Clique. Die bestand aus seinen drei besten Freunden: Mario, Sebastian und Sina.
Wir trafen uns oft und unternahmen etwas zusammen.

Irgendwann veränderte er sich. Er war genervt von mir und wollte mich immer seltener treffen.

Das ging über einige Wochen so, bis er mir sagte, er habe sich in seine beste Freundin Sina verliebt und sei nun mit ihr zusammen.

Das riss mir das Herz aus der Brust.

Durch diesen einzigen Satz von ihm verlor ich gleich vier Menschen in meinem Leben und war wieder allein.

Denn die einzige Freundin, die ich jemals gehabt hatte, war Ramona und die war leider in der sechsten Klasse weggezogen.

Nach der Trennung von Finn zog ich mich komplett zurück. Ich absolvierte einen schlechten Realschulabschluss und fand keine Ausbildungsstelle.

Meinen zweiten Freund lernte ich kennen, als ich in der Metzgerei arbeitete. Er war dort Kunde.

Wir waren drei Jahre ein Paar.

Von ihm trennte ich mich, da er ständig anderen Frauen schrieb und sie treffen wollte.

Und dann kam Marco.

Auch er lehrte mich, dass ich keinem Mann vertrauen konnte –

genauso wie mein Vater.

Ich hatte meinen Glaubenssatz gefunden:
Ich kann keinem Mann vertrauen.

Ich kuschelte mich wieder zu Mia und Ben und fragte mich, ob es da draußen einen Mann gab, zu dem ich wieder Vertrauen aufbauen konnte.

Die nächste Woche widmete ich mich wieder meiner Arbeit als Reinigungskraft, besorgte neue Materialien für die Puppen und an den Abenden nähte ich. Mit dem Buch legte ich eine kleine Pause ein.

Drei der Mittagspausen verbrachte ich mit Anna.
»Ich bin sehr stolz auf dich, Susi«, sagte sie. »Wie du es innerhalb kürzester Zeit geschafft hast, mit deinem Hobby Geld zu verdienen, das beeindruckt mich. Ich würde dir gerne auch einen Auftrag geben, den ich aber bezahlen möchte. Meine Anna bräuchte noch einen Freund. Aber ich kann warten.«
Ihre Worte taten mir sehr gut.
»Das mache ich gerne. Aber weißt du, auch du kannst es schaffen, dein Hobby zum Beruf zu machen. Du wolltest doch immer Masseurin werden.«
»Ja, irgendwann mache ich das.«

Ich dachte, dass dieses »Irgendwann« der große Denkfehler vieler Menschen war. Dieses »Irgendwann« traf meistens nie ein.

Die Stimmung meiner Mutter war durch den Urlaub und das Nähen der Puppenkleidung viel besser als zuvor.
Es tat ihr sehr gut, wieder eine Aufgabe zu haben.
Sie hatte sonst nur uns Kinder und Bernd.
Vor dem Urlaub hatte ich sie oft nachts wegen meinem Vater leise weinen gehört.
Deshalb wusste ich, dass sie noch nicht über ihn hinweg war.
Doch jetzt war sie abgelenkt.

Mein Vater schrieb meinem Bruder und mir alle paar Monate einen Brief. Er bat uns immer wieder um ein Treffen. Aber bisher hatten wir die Briefe zwar gelesen, seinen Wunsch aber ignoriert.
Der Schmerz, den er verursacht hatte, saß zu tief.
Meine Mutter schwieg zu dem Thema.

Samstag, 7. Mai 2016

Erst am Wochenende widmete ich mich wieder meinem Buch. Aber die Erkenntnisse führte ich trotzdem regelmäßig durch, da ich überzeugt war, dass sich dadurch in meinem Leben noch einiges zum Positiven verändern konnte.

In den letzten Tagen hast du deine fest verankerten negativen Glaubenssätze aufgeschrieben.
Deine Aufgabe besteht nun darin, Gegenbeweise für deine Glaubenssätze zu suchen und aufzuschreiben.
Ich zeige dir ein Beispiel anhand meines eigenen damaligen Glaubenssatzes:

Was Hänschen nicht lernt, lernt Hans nimmermehr.

Ich musste Gegenbeweise finden, die diesen Satz widerlegten, d. h. Beweise dafür, dass ich sehr wohl etwas Neues lernen konnte.

- *Ich habe mich in Psychologie fortgebildet.*
- *Ich bin erfolgreich als Lebensberaterin, obwohl ich vorher in einem Büro arbeitete.*
- *Ich habe zwei Bücher veröffentlicht, obwohl ich früher in Deutsch eine Niete war.*
- *Ich praktiziere erfolgreich Meditation, obwohl ich früher nur schwer abschalten konnte.*

Falls es dir schwerfällt, Gegenbeweise zu finden, führe absichtlich eine Situation herbei, die dir das Gegenteil deines Glaubenssatzes beweisen kann.

Ein Beispiel:

Du fühlst dich wertlos.

Frage Menschen, die dir nahestehen, was sie an dir schätzen, und bitte sie um eine ehrliche Antwort.

Oje ... ich musste also den Beweis finden, dass ich einem Mann schon einmal vertrauen konnte.

Tipp :

MACHE AUCH HIER EINE PAUSE, BIS DU
DIE AUFGABE UMGESETZT HAST.

Sonntag, 8. Mai 2016

Am Sonntag widmete ich mich der Puppe für Anna.
Ich war so dankbar, dass ich sie als Freundin hatte und sie mich zu den Abenden mit der Clique mitnahm.
Deswegen wollte ich kein Geld von ihr annehmen.
Während des Nähens dachte ich nach, welchem Mann ich in meinem Leben schon einmal vertrauen konnte.

Wenn ich an meine Ex-Freunde dachte, sah ich in erster Linie die vielen Enttäuschungen.

Doch meinem Bruder konnte ich vertrauen.
Ich hatte ihm schon öfter etwas erzählt, was er für sich behalten hatte, zum Beispiel:

- eine schlechte Note in der Schule oder als ich Mathe schwänzte.
- als ich zu viel getrunken hatte und mich übergeben musste, half er mir und sagte es nicht weiter.
- als ich mein erstes Date hatte, behielt er das für sich.

Dann dachte ich an Henry. Ich hatte ihm in der fünften Klasse einen Liebesbrief geschrieben und in seinen Schulranzen gelegt.
Er hatte ihn gelesen und lieb geantwortet, dass er den Brief süß fand, aber lieber nur mit mir befreundet sein möchte. Es hatte mir damals das Herz gebrochen, aber ich war ihm unendlich dankbar, dass er niemand von dem Brief erzählt hatte. Denn damit hätte er mich echt blamieren und noch mehr zum Gespött der Klasse machen können.
Ich war lange Zeit in ihn verliebt, da er ein sehr lieber und ehrlicher Mensch war.

Mittlerweile war Henry verheiratet und hatte zwei Kinder. Seine Frau hatte großes Glück.

Schließlich gab es noch Bernd.
Als seine Frau ihn wegen eines anderen Mannes verlassen hatte, stand er nachts mit seinem Koffer vor unserer Tür.
Meine Mutter tröstete ihn.
Er verstand die Welt nicht mehr. Er beteuerte, dass er immer ein guter Ehemann gewesen sei und vor allem treu, und er konnte nicht begreifen, warum seine Frau einen anderen liebte.
Er sagte das alles unter Tränen, deswegen war ich überzeugt, dass er ehrlich war.

Damit hatte ich meine Gegenbeweise gefunden!

Die nächsten Tage vergingen sehr schnell.
Anna freute sich sehr über die Puppe, die ich für sie angefertigt hatte: Einen Jungen mit blondem Haar, Baskenmütze, Jeans und grünem T-Shirt. Sie nannte ihn Kai, wie ihren Mann.
Da ich kein Geld von ihr annahm, wollte sie mich demnächst zum Essen einladen.
Es kamen immer neue Aufträge herein, sodass meine Warteliste schon für einige Wochen reichte.

Dann übergab mir meine Mutter einen Brief von Lydia.
Dieses Mal schien sie sich nicht dafür zu interessieren, was drinstand.
Ich dafür umso mehr.

Liebe Susi,

ich freue mich sehr, dass du dich auf mein Buch eingelassen hast.

Es bedeutet mir viel, dass du dein Leben endlich selbst in die Hand nimmst, und ich würde dir gerne meine eigene Geschichte dazu erzählen.

Ich lebte lange Zeit wie in einem Hamsterrad.

Ich war oft bis zu zwölf Stunden im Büro und hatte kaum Zeit für meine Tochter, geschweige denn für meinen Ehemann.
Abends fiel ich um 21 Uhr erschöpft ins Bett.
Mein Mann und ich lebten uns auseinander. Ich fand heraus, dass er eine Affäre begonnen hatte, und konnte es ihm nicht einmal verübeln.
Davon weiß aber außer dir jetzt niemand, bitte behalte das für dich.
Deine Mutter war damals meine einzige Freundin und auch meine Kollegin. Wir jammerten uns täglich gegenseitig unser Leid vor.
Ich war so unglücklich.
Das konnte doch nicht mein Leben sein!

Eines Tages las ich im Wartezimmer beim Zahnarzt ein spirituelles Heft.
Darin stand eine Anzeige:
›Auszeit. Hast du dein Leben gerade satt?
Dann komm für eine Woche nach Korfu und finde zu dir selbst.‹
Ich dachte nicht darüber nach, sondern buchte es sofort.

So verbrachte ich eine unglaubliche Woche auf Korfu.
Ich lernte, dass man selbst der Schöpfer seines Lebens ist, was ich mir wirklich vom Leben wünsche, wofür ich beruflich brenne und vor allem fand ich tatsächlich zu mir selbst.
Daraufhin änderte ich mein Leben.
Ich bildete mich weiter in Psychologie, arbeitete eine Weile nur noch Teilzeit und nebenbei als Lebensberaterin.
Ich schrieb zwei Bücher, die sich gut verkauften.
Danach trennte ich mich endlich von meinem Mann und kündigte meinen Job. Lebensberaterin zu sein, war meine Berufung.

Vor allem konnte ich online von überall aus arbeiten.
Ich begab mich auf den Jakobsweg und lernte Mike kennen. Zusammen
reisten wir um die Welt.
Ich war glücklich wie lange nicht mehr.
Und nun pendeln wir zwischen Köln und Bali.
Ich habe meinen Seelenfrieden gefunden und ich liebe mein Leben.
Zurzeit sind meine Tochter und mein Enkelkind bei mir. Sie hat ebenfalls
ihr Leben durch mein Buch hochgradig verbessert.
Nun wollte ich mein Wissen auch an dich weitergeben.
Ich würde mich sehr freuen, wenn du mich auf Bali besuchst, wenn du mit
dem Buch fertig bist.

In Liebe,
Lydia

Wow, ich sollte nach Bali kommen. Ich war wieder mal sprachlos.
Voller Motivation schlug ich das Buch auf.

Wandle nun deine negativen Glaubenssätze in positive Glaubenssätze um.

Beispiel:

Was Hänschen nicht lernt, lernt Hans nimmermehr.
=
Ich lerne schnell neue Dinge.

Ich wandelte meinen negativen Glaubenssatz in einen positiven um:

Ich kann keinem Mann vertrauen.
=
Ich kann Vertrauen zu einem Mann aufbauen.

WANDLE DEINE NEGATIVEN GLAUBENSSÄTZE IN POSITIVE UM.

Erkenntnis 7:
Affirmationen nutzen!

Eine Affirmation versorgt dein Unterbewusstsein mit neuen positiven Informationen, sodass du deinen alten Glaubenssatz überschreiben kannst.

Ich habe mir aus meinen umgewandelten Glaubenssätzen eine einzige positive Affirmation erstellt, die alles abdeckt, womit ich noch Probleme beim Wünschen hatte.

Meine Affirmation lautet:
Ich bin glücklich und zufrieden.
Ich bin finanziell unabhängig.
Ich bin offen dafür, neue Dinge zu lernen. Ich habe eine wundervolle, glückliche und vertrauensvolle Liebesbeziehung.

Diese Affirmation habe ich mir täglich immer wieder in Gedanken aufgesagt. Anfangs fühlte sie sich noch fremd an und traf auf Widerstand in mir. Aber davon ließ ich mich nicht entmutigen. Irgendwann konnte ich sie glauben.

Falls du Probleme mit deinem Selbstwert hast, kannst du Folgendes in deine Affirmation aufnehmen:

Ich liebe mich selbst.
Ich bin gut, so wie ich bin.
Ich genüge.

Falls Angst ein täglicher Begleiter in deinem Leben ist, kannst du Folgendes in deine Affirmation einfügen:

Ich bin in Sicherheit.
Ich bin stark.
Ich schaffe das.

Wenn du zu stark über Probleme grübelst:

Alles ist gut.
Meine Probleme sind gelöst.
Ich bin ruhig und gelassen.

Erstelle nun deine eigene Affirmation!
Wichtig: immer in der Gegenwartsform.
Also statt:

Ich werde glücklich.
=
Ich bin glücklich.

Keine verneinenden Wörter wie »kein« oder »nicht« vermeiden.

Statt:
Ich bin nicht unglücklich.
=
Ich bin glücklich.

Ich dachte einige Zeit nach, was ich in meine Affirmation einbauen könnte. Dann fand ich die richtige:

Ich bin glücklich und zufrieden.
Ich liebe mich selbst.
Ich wiege 65 Kilo.
Ich habe einen vertrauenswürdigen Liebespartner an meiner Seite.

Tipp:

MACHE AUCH HIER EINE PAUSE, BIS
DU DEINE POSITIVEN AFFIRMATIONEN
ERSTELLT HAST, UND SAGE DIR DIESE
TÄGLICH AUF.

Ich baute die Affirmation in meine tägliche Routine mit ein. Diese bestand nun aus den folgenden Aufgaben:

- positiv durchs Leben gehen
- dankbar sein
- Visualisieren am Abend
- Visualisieren im Alltag
- Eigeninitiative (einmal im Monat)
- Selbstliebe (einmal in der Woche)
- Affirmation

Ich bemerkte, dass es wieder an der Zeit war, meine Lebensbereiche zu überprüfen und zu schauen, ob ich noch irgendwo Eigeninitiative einbauen konnte.

Gesundheit:
Ich würde ab sofort nicht zur nächstgelegenen Zughaltestelle gehen, sondern zur übernächsten. Dadurch musste ich morgens und nachmittags zwei Kilometer gehen und hatte mehr Bewegung.

Liebe / Partnerschaft:
Ich bezog zusätzliches Bettzeug und legte es auf die linke Bettseite.

Familie:
Ich war zufrieden mit dem Familienleben.

Finanzen:
Ich zahlte einen Teil meiner Schulden zurück. Für eine Puppe verlangte ich nun 100 Euro.

Freunde / soziale Beziehungen:
Ich war zufrieden.

Arbeit / Berufung:
Ich verringerte meine Arbeitszeit auf 75 Prozent, sodass ich drei Puppen in der Woche nähen konnte.

Freizeit / Hobbies:
Ich nahm mir vor, nach dem Abschließen des Buches eine Reise nach Bali zu buchen.

Persönlichkeitsentwicklung / Spiritualität:
Ich war zufrieden.

Auch erweiterte ich meine Selbstliebe-Liste:

ehrlich
geduldig
mittlerweile ziemlich zuversichtlich
lernbereit
verantwortungsbewusst

Tipp:

MACHE AUCH HIER EINE PAUSE, BIS DU
DIE AUFGABE UMGESETZT HAST.

Montag, 16. Mai 2016

Nach der Arbeit ging ich an meinen Laptop und druckte ein Foto von Bali aus.

Darauf sah man den Tempel Pura Ulun Danu Bratan.

Denn es war nun ein weiterer großer Wunsch von mir, endlich in ein Flugzeug zu steigen und dort Lydia zu treffen.

Ich klebte das Foto an mein Wünsche-Vision-Board und betrachtete es.

Ich hatte schon so vieles erreicht. Das war wundervoll.

Danach las ich in Facebook die positiven Rezensionen über meine Puppen durch. Sie erfüllten mich mit großem Stolz.

Ich schwebte einige Minuten in diesem Glücksgefühl.

Dann sah ich, dass ich eine Nachricht über Facebook bekommen hatte, von einer Petra Frey:

Liebe Susi,

meine Tochter hat eine Puppe bei Ihnen gekauft und ich bin sehr begeistert davon.
Mir gehört der Laden ›Soulmade‹ in der Innenstadt und ich würde gerne Ihre Puppen dort verkaufen.
Für den Beginn wären fünf Puppen großartig.
Bitte melden Sie sich.

Liebe Grüße von Petra

Wow!

Ich konnte es kaum glauben – meine Puppen in einem Laden in der Innenstadt von Köln!
Sofort schrieb ich zurück:

Liebe Frau Frey,

danke für Ihr Kompliment.
Es gibt momentan eine Wartezeit von einigen Wochen.
Danach kann ich gerne Puppen für Sie anfertigen.

Liebe Grüße
Susi

Frau Frey akzeptierte die Wartezeit.

Es war unglaublich: Seit ich mich mit dem Buch beschäftigte, passierten so viele tolle Sachen in meinem Leben.

Die Clique war begeistert, als ich ihnen am Abend in unserem Stammlokal davon erzählte.

Ich bezahlte die Getränke als Dankeschön an alle.

Sie hatten mich schließlich dazu animiert, ein Gewerbe anzumelden.

Doch das schönste Kompliment bekam ich, als sie sagten:

»Wir sind froh, dass du zu unserer Runde gehörst.«

Ich hatte nicht mehr viele Seiten im »Buch der Erkenntnisse«. Das heißt, dass ich bald nach Bali fliegen würde.

Noch traute ich mich nicht, meiner Mutter, meinem Bruder und der Clique davon zu erzählen.

Erkenntnis 8:
Belohne dich nach Erfolgserlebnissen!

Du bist schon sehr weit gekommen. Ich möchte, dass du dich belohnst, mit was auch immer du möchtest.

Sei stolz auf dich!

Kaufe dir etwas Schönes!

Mir wurde klar, dass ich mir früher kaum etwas gegönnt hatte. Erst durch dieses Buch konnte ich das.

Es wurde für mich zu meiner persönlichen Bibel.

Tipp:

DU HAST SCHON EINIGES GESCHAFFT!
BELOHNE AUCH DU DICH MIT EINEM
KLEINEN GESCHENK!

Ich fragte Anna, ob sie Lust hätte, mit mir nach der Arbeit den Laden
»Soulmade« zu besuchen.
Dass ich mir selbst etwas schenken wollte, erzählte ich ihr nicht. Noch
wusste sie nichts von dem Buch.
Sie stimmte sofort zu.

Das kleine Geschäft war ein Juwel in der Innenstadt.
Es gab dort handgefertigten Schmuck, Taschen, Traumfänger, Gemälde,
Decken, Teddys und vieles mehr.
Ich war begeistert, als ich durch den Laden schlenderte.
An der Kasse saß eine ältere Dame mit grauem Dutt, die uns freundlich
begrüßte. Das musste wohl die Inhaberin sein.
»Hallo ich bin Susi. Sind Sie Petra Frey?«
Die Frau lächelte. »Das ist aber schön, dass Sie persönlich kommen. Ja,
ich bin Petra. Sehen Sie sich gerne ein bisschen um. Ihre Puppen werden
den Laden noch mehr bereichern.«
Anna begeisterte sich für die Handtaschen und fand eine kleine rote, die
mit einem goldenen Elefanten verziert war.
Ich selbst entdeckte eine wunderschöne Kette mit einem Ornament-
Anhänger.
»Die Blume des Lebens symbolisiert kosmische Ordnung und strahlt
Harmonie und Vollkommenheit aus. Das Symbol verhilft dir zu mehr
Energie und kann positive Veränderungen bei negativen Energieeinflüs-
sen jeglicher Art bewirken«, erklärte mir Petra die Bedeutung der Kette.
Das war die perfekte Belohnung für mich. Diese wollte ich mir schenken.
Doch auch Petra wollte mir die Kette schenken, aber ich bestand darauf,
die 40 Euro zu bezahlen.
»Ich freue mich schon sehr auf deine Puppen«, sagte Petra, als wir uns
verabschiedeten.

»Hier sind sie wirklich gut aufgehoben«, erwiderte ich.

Danach gingen Anna und ich noch chinesisch Essen. Sie wollte mich einladen, weil ich für die zweite Puppe kein Geld von ihr angenommen hatte.
Als der passende Moment gekommen war, erzählte ich ihr von dem »Buch der Erkenntnisse« und meinem früheren tristen Leben.
Ich wollte endlich jemanden daran teilhaben lassen. Mein Bruder hatte sich ja nicht dafür interessiert.

»Wow, was für eine unglaubliche Geschichte! Ich war schon immer davon überzeugt, dass man mit positiven Gedanken besser durchs Leben geht als mit negativen.«
Damit hatte Anna das Gesetz der Anziehung wohl oft angewandt, auch wenn sie es nicht benennen konnte, und sich viele Wünsche erfüllt.
Es tat gut, ihr davon zu erzählen und vor allem, ernst genommen zu werden.

Wir rätselten, ob auch sie noch negative Glaubenssätze in sich trug, und stellten fest, dass sie schon immer wenig Geld zur Verfügung hatte.
»Wenn Kai nicht wäre, wäre ich eine arme Kirchenmaus.«
Auch sie wollte nun ihren negativen Glaubenssatz »Für Geld muss man hart arbeiten.« ändern und eine positive Affirmation nutzen. Wir schrieben sie auf einen Zettel, den sie sich in den Geldbeutel legte:
Ich habe es verdient, viel Geld zu verdienen.
Ich war gespannt auf ihre Ergebnisse.
Auch versprach sie, sich über eine Umschulung zur Masseurin zu informieren. Denn beide hatten wir das Ziel, irgendwann nicht mehr putzen gehen zu müssen.

Tipp:

**MACHE AUCH HIER 3 BIS 7 TAGE
PAUSE UND FÜHRE WEITERHIN DIE
ERKENNTNISSE DURCH!**

Ich widmete mich der letzten Seite des Buches und staunte nicht schlecht. Dort fand ich einen Notizzettel, mit Klebestreifen auf die Seite geklebt. Darauf stand eine Gutscheinnummer für einen Flug.

Liebe Susi,
ich möchte, dass du nach Bali kommst.
Du hast das Buch durchgearbeitet und ich bin sehr stolz auf dich.
Das Flugticket werde ich bezahlen. Ich habe genügend Einkommen, deshalb nimm es bitte an :)
Ich freue mich sehr auf dich.
Liebe Grüße
Lydia

Ich schmunzelte. Sie hatte mich ewig nicht gesehen, aber sie schätzte richtig ein, dass ich ungern von anderen Menschen Geld annahm.
Ich führte noch einmal den Test der Lebensbereiche durch.

Gesundheit:
Ich hatte abgenommen, ernährte mich gesünder, bewegte mich mehr und trank weniger Alkohol. Bis zu meinem Traumgewicht fehlten noch ein paar Kilo, die ich sicherlich mit Sport abnehmen konnte.
7 Punkte

Liebe / Partnerschaft:
Ich dachte fast nicht mehr an Marco.
Aber es gab auch sonst niemanden.
0 Punkte

Familie:
Alles war super. Außer mit meinem Vater …
7 Punkte

Finanzen:
Ich verdiente durch meine Puppen einiges mehr im Monat, dadurch
würde ich meine Schulden innerhalb von einem Jahr zurückzahlen können.
8 Punkte

Freunde / soziale Beziehungen:
Ich fühlte mich von der Clique angenommen.
7 Punkte

Arbeit / Berufung:
Ich putzte zwar immer noch in Teilzeit, aber wenn es so weiterging,
konnte ich vielleicht irgendwann von meinen Puppen leben.
7 Punkte

Freizeit / Hobbys:
Ich traf regelmäßig die Clique und ich würde bald nach Bali fliegen.
Ich verdiente Geld mit meinem Hobby.
9 Punkte

Persönlichkeitsentwicklung / Spiritualität:
Ich hatte richtig viel an meiner inneren Einstellung zum Positiven geän-
dert und war megastolz auf mich.
8 Punkte

Mein Test ergab nun 53 Punkte.

Wow. Wow. Wow!

Ich war unglaublich glücklich über dieses Ergebnis.

Als ich mit dem Buch angefangen hatte, hatte ich gerade einmal 20 Punkte erreicht.

Und ich war überzeugt, dass sich auch in der Liebe bald etwas verändern würde.

Tipp:

MACHE AUCH DU DEN TEST.

Mit dem Buch war ich zwar durch, aber ich beschloss, erst nach Bali zu fliegen, wenn ich noch einige Puppen-Aufträge erfüllt hatte.

Ansonsten würde ich mir nur unnötig Stress machen. Das dauerte noch vier Wochen.

Außerdem hatte ich gerade erst Urlaub genommen und hätte so schnell keinen neuen bekommen.

Nach diesen vier Wochen wollte ich zehn Tage nach Bali fliegen.

Ich nahm deshalb erst wieder Aufträge für die Zeit danach an.

Ich schrieb Lydia einen Brief, in welcher Woche ich nach Bali kommen würde, und den Grund, warum es sich noch verzögerte, bedankte mich für den Gutschein und buchte einen Flug.

Zudem informierte ich meine Mutter und meinen Bruder darüber, dass ich zu Lydia reisen würde.

Meine Mutter fand es weniger schlimm, als ich befürchtet hatte, und mein Bruder wäre am liebsten mitgereist.

Aber das wollte ich dieses Mal ganz allein durchziehen.

Das war meine Reise!

Die nächsten Wochen verbrachte ich in großer Vorfreude. Ich informierte mich umfassend über Bali und notierte mir, was ich dort auf jeden Fall sehen wollte.

Ich ging natürlich weiterhin die Erkenntnisse durch, nähte und traf mich mit der Clique.

Anna hatte sich nun für einen Massagekurs angemeldet. Ich war stolz darauf, sie motiviert zu haben.

Sie wandte ihre neuen Kenntnisse auch gleich in Form einer Rückenmassage an mir und den anderen an und ich war echt begeistert, wie großartig sie das machte.

Sie würde ihren Weg gehen.

In dieser Zeit kam wieder ein Brief meines Vaters mit der Bitte um ein Treffen. Aber auch dieser landete im Papierkorb.

Tipp:

MACHE AUCH DU HIER EINE 2-3 WÖCHIGE PAUSE UND FÜHRE WEITERHIN DIE ERKENNTNISSE DURCH!

Freitag, 24. Juni 2016

Endlich kam der lang ersehnte Tag, an dem ich meine Aufträge, die ich mir vorgenommen hatte, und auch die fünf Puppen für Petra fertig hatte.

Ich brachte sie, zusammen mit Anna, persönlich in den Laden.

Dort trafen wir auf Petra sowie eine Frau in unserem Alter mit rotem welligem Haar.

»Das ist meine Tochter Jana«, stellte sie uns vor. »Sie hat mich auf deine Puppen gebracht.«

Als Petra und Jana die neuen Puppen begutachteten, waren beide total begeistert und ich platzte beinahe vor Stolz. Sie bestellten gleich fünf weitere Puppen, die ich nach meinem Baliaufenthalt in Angriff nehmen würde.

Nun stand meiner Reise nach Bali nichts mehr im Wege.

Drei Tage später brachte Anna mich zum Flughafen.

»Ich wünsche dir ganz viel Freude. Genieß die Zeit dort. Du wirst mir fehlen.« Sie nahm mich fest in die Arme.

Ich hatte einen sehr langen Flug vor mir, also jede Menge Zeit.

So ging ich ein weiteres Mal alle Erkenntnisse durch.

Erkenntnis 1:

Ich dachte sehr positiv.

Ich freute mich unglaublich auf Bali und auf Lydia.

Was mich glücklich machte? Ich reiste zum ersten Mal allein im Flugzeug und überstand den Start ohne große Angst.

Erkenntnis 2:

Ich war dankbar dafür, dass Anna mich vermissen würde, dass ich endlich nach Bali flog und dass ich schon weitere Aufträge für die Zeit nach dem Urlaub hatte.

Erkenntnis 3 + 4:

Ich stellte mir vor, dass mein Mann und meine Kinder auch hier im Flugzeug nach Bali sitzen.
Mein Laden mit meinen selbst genähten Produkten läuft super. Meine Mutter übernimmt meine Vertretung.
Unsere Eigentumswohnung liegt mitten in Köln.
Ich habe mein Traumgewicht von 65 Kilogramm erreicht.
Ich bin sehr selbstbewusst.
Ich verstehe mich super mit meiner Clique.

Erkenntnis 5:

Gesundheit:
Da ich weitere drei Kilos abgenommen hatte, würde ich weitermachen wie bisher.
Ich sollte Sport machen, doch bisher konnte ich mich dazu noch nicht motivieren.

Liebe / Partnerschaft:
Ich wusste nicht, was ich in diesem Bereich noch tun konnte ... ich wollte Lydia in diesem Fall um Hilfe bitten.

Familie:
Ich war zufrieden.

Finanzen:
Ich würde weiterhin meine restlichen Schulden zurückzahlen können.

Freunde / soziale Beziehungen:
Ich war zufrieden.

Arbeit / Berufung:
Im Moment war ich zufrieden. Irgendwann wollte ich ganz vom Nähen leben.

Freizeit / Hobbys:
Ich war zufrieden.

Persönlichkeitsentwicklung / Spiritualität:
Ich war zufrieden.

Erkenntnis 6:

Ich war stolz auf mich, dass ich mich allein nach Bali traute.
Ich war ebenfalls stolz, auf das was ich alles erreicht hatte.
Ich fand mich heute sehr hübsch.

Erkenntnis 7:

Ich wiederholte immer wieder meine Affirmationen:
Ich bin glücklich und zufrieden.
Ich liebe mich selbst.
Ich wiege 65 Kilogramm.
Ich habe einen vertrauenswürdigen Liebespartner an meiner Seite.

Erkenntnis 8:

Ich belohnte mich gerade mit dem Bali-Urlaub.

Tipp:

MACHE AUCH HIER EINE PAUSE, BIS DU
DIE AUFGABE UMGESETZT HAST.

Ich hatte es endlich geschafft. Ich war auf Bali.
Lydia schloss mich herzlich in die Arme.
»Es ist so schön, dich endlich wiederzusehen. Du siehst richtig gut aus.«
Sie selbst sah toll aus in ihrem bunten Sommerkleid, mit gebräunter Haut und offenem braunem Haar.
Als wäre sie nicht gealtert.
Sie schenkte mir ein Armband aus Silber mit einem Buddha-Anhänger, das ich gleich anlegte. Sie machte mir eine große Freude damit.

Während der Fahrt bestaunte ich abwechselnd das Armband und die vielen Palmen und Bungalows, die die Straße säumten.
Und natürlich das weite Meer, das sich sofort beruhigend auf mich auswirkte.

Wir hielten an einem Bungalow mit Strohdach, der von Dutzenden Palmen und Büschen umgeben war.

Daneben stand ein kleinerer Bungalow, ebenfalls mit Strohdach.

»Hier sind wir. Hinter dem Haus hast du über einen Weg direkten Zugang zum Meer.«

Lydia lächelte und machte eine einladende Geste.

»Wie du siehst, kann man sich alles erfüllen, was man sich wünscht.«

»Das sieht wunderschön aus!«, rief ich begeistert.

»Das kleine Häuschen ist das Gästehaus, dort darfst du wohnen.«

Ich hatte nicht damit gerechnet, dass ich mein eigenes Reich bekommen würde, aber die Vorstellung gefiel mir.

Lydia führte mich in den kleinen Bungalow.
Das Innere bestand aus einem großen lichtdurchfluteten Raum mit hellem Holzboden. Die Türen der riesigen Fensterfront waren geöffnet und offenbarten einen Blick auf einen Pool, zwei Liegen und eine großzügige Terrasse mit Loungemöbeln, die unter einem großen roten Sonnenschirm platziert waren.
An der rechten Wand befanden sich ein weißes französisches Bett und ein weißer Holzschrank.
Über dem Bett hing ein Gemälde von einem meditierenden goldenen Buddha.
Links führte eine Tür zum Bad und in der Ecke standen ein weißer Ledersessel mit einem kleinen Holztisch und eine Palme.

»Wundervoll.« Ich kam aus dem Staunen gar nicht mehr heraus.
»Fühl dich wie zu Hause. Am besten kommst du erst einmal richtig an. Ich würde vorschlagen, wir sehen uns in einer Stunde auf der Terrasse zum Essen?«
Ich ließ mich als Erstes auf das Bett fallen.
Ich konnte mein Glück kaum fassen: Ich war auf Bali!
Ich schrieb meiner Mutter und Anna eine Nachricht, dass ich gut angekommen war.

Danach duschte ich in dem schnuckeligen, ebenfalls in Weiß gehalten Bad ausgiebig unter einer Regendusche.

Auch hier stand ein kleiner goldener Buddha auf der Ablage am Waschbecken.

Ich zog das bordeauxrote Kleid an, das Karla mir geschenkt hatte, und schminkte mich dezent.

Als ich Lydia auf der Terrasse den Tisch decken sah merkte ich erst, welch großen Hunger ich hatte.

»Darf ich dir Mike vorstellen«, sagte sie, als ich auf die Terrasse trat.

Mike war ein großer, attraktiver Mann mit schwarzem Haar, das von grauen Strähnen durchzogen war.

Seine kastanienbraunen Augen bildeten eine passende Ergänzung zu seiner gebräunten Haut.

Er reichte mir die Hand. »Freut mich sehr.«

Ich erfuhr, dass Lydias Tochter schon vor zwei Wochen abgereist war, was ich etwas schade fand, da ich mich gern mit ihr ausgetauscht hätte.

Wir aßen Nasi Goreng mit Lammspießen und ich erzählte den beiden, wie es mir in den letzten Wochen ergangen war.

Lydia war sehr zufrieden, dass ich ihr Buch durchgearbeitet hatte und schon so viel zum Positiven verändern konnte.

»Du bist allerdings nicht nur zum Vergnügen hier, Susi«, meinte sie nach dem Essen geheimnisvoll. »Ich möchte mich gerne jeden Abend mit dir am Strand treffen. Nimm bitte das Buch und deine Notizen mit. Mehr verrate ich noch nicht. Aber natürlich zeigen wir dir auch Bali.

Ruh dich jetzt am besten etwas aus und dann treffen wir uns um 19 Uhr hier und gehen gemeinsam zum Strand.«

Ich legte mich auf eine der Liegen und schloss die Augen.

Prompt schlief ich ein und als ich aufwachte, ging die Sonne gerade unter.
Wie verabredet kam Lydia mit zwei gelben Decken und wir gingen über den von Büschen und Palmen gesäumten Kiesweg die etwa fünfhundert Meter bis zum Strand.
Meer und Strand boten einen herrlichen Anblick.
Zudem waren wir hier ungestört, denn die Touristen waren weit entfernt von diesem Platz.
Wir setzten uns auf die Decken und ich lauschte den Wellen.
»Du hast vorhin einen Bereich in deinem Leben erwähnt, der noch nicht gut läuft«, unterbrach Lydia irgendwann die Stille.
»Ja, in der Liebe geht es nicht voran.«
»Ich finde immer, man sollte sich die Bereiche, die weniger als 7 Punkte haben, genauer anschauen.«
»Okay, das wäre bei mir eigentlich nur die Liebe.«
»Das klingt doch schon mal sehr gut.« Lydia lächelte.
Auch ich war stolz darauf, dass alle anderen Bereiche so gut liefen.
Das hätte ich noch vor einem Jahr, niemals zu träumen gewagt.
»Dann werden wir jetzt die Liebe genauer betrachten. Weißt du denn, wie dein Traumpartner sein sollte?«
»Ja, ich habe mir eine Liste mit einigen Punkten geschrieben.«

Ich blätterte in meinen Notizen und las vor:
»Er ist treu.
Er ist kinderlieb.
Er ist ehrlich.
Ich kann ihm vertrauen.
Er ist zuverlässig.
Wir können über alles reden.
Er liebt mich, wie ich bin.
Er ist attraktiv.«

»Das klingt doch toll. Vielleicht ergänzt du noch:
›Er wohnt in deiner Nähe.‹ Du willst ja vermutlich niemanden, der tausend Kilometer weg wohnt, oder?«
»Da hast du recht.« Ich machte mir eine Notiz.
»Du solltest jetzt in diesen zehn Tagen nur deinen Traumpartner visualisieren und die anderen Wünsche erst einmal loslassen.
Danach visualisierst du nur deinen zweiten Herzenswunsch usw., bis sich alle Wünsche erfüllt haben. Wenn du dich auf nur einen Wunsch konzentrierst, ist es etwas einfacher. Die anderen Erkenntnisse führst du natürlich weiterhin durch. Positives Denken, Dankbarkeit, Selbstliebe, Affirmationen und Eigeninitiative sind sehr wichtig«, erklärte Lydia.
»Und was auch noch wichtig ist, wenn du deinen Traumpartner visualisierst: Es darf kein bestimmter Mann sein, den du kennst. Denn man kann den Willen eines Menschen nicht beeinflussen. Und denke auch nicht an deinen Ex-Partner. Es hatte einen Grund, dass diese Beziehung zu Ende ging.«
Ich nahm das zur Kenntnis.
»Hast du schon mal meditiert?«
»Nein, bisher nicht.«
»Meditation ist sehr hilfreich, um deinen Geist zur Ruhe zu bringen.
Deshalb starten wir jetzt erst einmal mit einer kleinen Meditation. Danach beginnst du, deinen Traumpartner zu visualisieren.«
Sie erklärte mir, dass ich fünf Minuten lang die Augen schließen und nur auf meinen Atem achten und dabei bewusst durch die Nase ein- und ausatmen solle.
Den Beginn und das Ende der Übung werde sie durch einen Gong ankündigen. Sie hatte eine kleine Klangschale bei sich.

Falls meine Gedanken abschweifen sollten, müsse ich mich einfach wieder auf meinen Atem konzentrieren.
Dies sei anfangs ganz normal. Aber Übung machte schließlich den Meister.

Ich schloss die Augen und nach einigen Sekunden ertönte der Klang.
Ich atmete durch die Nase ein und aus. Ich lauschte den Wellen. Einatmen und ausatmen. Einatmen und ausatmen.
Ich dachte daran, was ich wohl am nächsten Tag von Bali sehen würde, dann fiel mir wieder ein, dass ich mich nur auf meinen Atem konzentrieren sollte. Einatmen und ausatmen. Einatmen und ausatmen.
Der Gong ertönte.
Die fünf Minuten waren wie im Flug vorbei.

Nun stellte ich mir meinen Traumpartner vor.
Ich sah mich genau hier mit ihm sitzen und war überglücklich, ihn an meiner Seite zu haben.
Wir sprachen über unsere Wünsche und Pläne, über unsere Kinder, Urlaub, Arbeit und auch über das »Buch der Erkenntnisse«.
Ich vertraute ihm blind.
Es fühlte sich wundervoll an.
Ich blieb noch eine Weile in diesem schönen Gefühl, bevor ich meine Augen öffnete.
»Du hattest ein Lächeln im Gesicht. Somit hast du alles richtig gemacht«, stellte Lydia fest und legte ihren Arm um mich.
»Das reicht erst einmal für heute.«
»Danke, dass du mich so sehr unterstützt«, sagte ich.
Wir schwiegen eine Weile, aber schließlich platzte ich heraus: »Warum bist du eigentlich nicht mehr mit meiner Mutter befreundet? Heißt das, man verliert seine Freunde, wenn man sich positiv verändert?«
Lydia seufzte. »Weißt du, deine Mutter wollte in ihrer Komfortzone bleiben. Glücklich war sie nicht, doch ändern wollte sie auch nichts.
Ihr Bürojob nervte sie die meiste Zeit über und dein Vater und sie lebten nur noch nebeneinander her.
Bis er dann ging.«
»Er schreibt uns alle paar Monate. Aber Stefan und ich antworten nicht«, gab ich zu.

»Das ist doch in Ordnung. Ihr seid noch nicht so weit. Lasst euch Zeit. Die Wunde ist wohl noch zu tief.«

»Danke, das hilft mir sehr.« Wir umarmten uns.

Sie ließ mich allein und ich hing noch eine Weile meinen Gedanken nach, während ich die Wellen beobachtete.

Tipp:

MACHE AUCH DU DIE 5-MINÜTIGE
MEDITATION.
ÜBE FÜR 10 TAGE MIT NUR EINEM
WUNSCH, DER NOCH NICHT ERFÜLLT
WURDE UND DIR BESONDERS AM
HERZEN LIEGT. FÜHRE DIE ANDEREN
ERKENNTNISSE WEITERHIN DURCH.

In den nächsten Tagen zeigten Lydia und Mike mir die schönsten Tempel von Bali, die man gesehen haben musste.

Wir besichtigten Pura Tanah Lot, Pura Luhur Batukaru, Taman Ayun Temple und Pura Ulun Danu Bratan.

Das Bild des letzten Tempels klebte auf meinem Wünsche-Vision-Board und mir wurde klar, dass ich diesen Punkt als »erledigt« abhaken konnte.

Ich war von allen Tempeln begeistert, denn sie strahlten eine unglaubliche Ruhe aus. Im letzten Tempel ging ich wieder alle meine Erkenntnisse durch.

In einem Laden in Denpasar erwarb ich eine wunderschöne rot-goldene Meditationsdecke, mit kleinen Flamingos bestickt, die ich an den Abenden nutzte, während ich mein Leben mit meinem Traummann visualisierte.

»Was hat denn deine Tochter in ihrem Leben verändert?«, fragte ich Lydia am vierten Abend, als wir beide ein Glas Wein auf der Terrasse tranken. Mike war schon schlafen gegangen. »Ich hätte mich gerne mit ihr ausgetauscht.«
»Annabelle hatte, ähnlich wie du, immer nur Idioten als Freund. Zudem war sie in ihrem Beruf unglücklich. Sie wusste nicht, was ihre Berufung war. Sie studierte einige Semester BWL, aber eigentlich hat sie das nie wirklich interessiert.
Nun hat sie diesen Studiengang abgebrochen und studiert jetzt Literatur. Sie war schon immer eine Leseratte.
Während dieses Studiums hat sie Ben kennen und lieben gelernt.«
»Ich finde es großartig, wie du hinter ihr stehst.«
»Ich möchte einfach nur, dass sie glücklich ist.«
»Was macht denn eigentlich Mike beruflich?«, fragte ich neugierig. Ich wusste nur, dass beide gerade frei hatten – meinetwegen.
»Er arbeitet in einem Meditationszentrum. Dorthin kommen Menschen, die sehr gestresst sind und oft kurz vor einem Burn-out stehen. Auch ich halte dort ab und zu Vorträge über Spiritualität, Meditation oder autogenes Training. Es gibt auch Yoga-Kurse, Massagen, Saunen und einen großen Pool.
Man kann auch zum Beispiel ein neuntägiges Übernachtungspaket mit vegetarischer Verpflegung buchen.
Nach diesen neun Tagen ist man wie ein neuer Mensch.
Es gibt nur eine Bedingung: kein Handy und Schweigen.«
»Schweigen?«
»Ja, man darf nur eine Stunde am Tag reden.«
»Das klingt interessant.«
»Wenn du magst, zeige ich dir das Zentrum morgen. Du kannst dort Wellness machen und auch an einem Kurs deiner Wahl teilnehmen. Man muss keine neun Tage vor Ort verbringen, es gibt auch Menschen, die tageweise kommen.
Ganz wie sie es eben möchten.«
»Das würde ich sehr gerne machen«, sagte ich erfreut.

Am nächsten Tag gönnte ich mir erst einmal ein Wellness-Programm: Massage, Pool und Sauna. Während der Massage ging ich die Erkenntnisse durch und visualisierte meinen Traumpartner.

Meine Seele wurde hier richtig verwöhnt.

Danach nahm ich an einer einstündigen Meditation teil. Das Meditieren funktionierte gut, inzwischen war ich schon etwas geübt. Doch die Stunde zog sich trotzdem lange hin. Immer wenn meine Gedanken abschweifen wollten, versuchte ich, mich auf meinen Atem zu konzentrieren. Trotzdem dachte ich an meine Mutter, die wohl jede Menge Puppenkleidung nähte, an meinen Bruder, der immer noch in seinem Leben festhing, und daran, dass mir die Gespräche mit Anna fehlten.

Wir simsten zwar ab und zu und ich schickte ihr Fotos, die sie begeistert kommentierte, doch das war nicht das Gleiche.

Das Schweigen war auch sehr ungewohnt für mich, aber eine großartige neue Erfahrung. Man konzentrierte sich nur auf sich selbst.

Anschließend hörte ich mir einen Vortrag zum Thema Dankbarkeit an und war stolz, dass ich eigentlich alles, was dort berichtet wurde, dank des Buches schon fest in meinen Alltag integriert hatte.

Später holten Lydia und Mike mich wieder ab und wir gingen in einem kleinen Restaurant etwas essen.

Ich bestellte einen Meeresfrüchtesalat.

Die beiden freuten sich sehr, dass mir der Tag im Meditationszentrum gefallen hatte.

Ich nahm mir vor, solche Angebote hin und wieder zu nutzen, falls es so etwas auch in Deutschland gab.

»Mein Bruder steckt leider auch in seinem Leben fest ...«, erzählte ich.

»Aber er möchte wohl auch nichts ändern.«

»Das ist der Punkt, liebe Susi. Wenn er nicht möchte, kann man ihn nicht zu seinem Glück zwingen«, meinte Mike.

»Jeder ist für sein Leben selbst verantwortlich. Glaub mir, viele Menschen bleiben in ihrem Trott. Vielleicht ändert er seine Meinung irgendwann, wenn er sieht, wie dein Leben sich zum Positiven verändert hat«, ergänzte Lydia.

Ich hoffte es. Der Sinn des Lebens bestand doch schließlich darin, glücklich zu sein.

»Aber es ist schön, dass deine Mutter das Nähen dank dir wiederentdeckt hat, und auch, dass deine Freundin den Massagekurs belegt. Du kannst Menschen motivieren«, stellte Lydia fest. »Das gelingt dir bestimmt auch bei deinem Bruder noch.«

Die nächsten Tage vergingen sehr schnell.

Wir unternahmen eine Wanderung auf den Mount Bartur und zu dessen Wasserfall.

Die beiden zeigten mir schöne Strände, an die sich nur wenige Touristen verirrten. Wir besuchten das Thermalbad Air Panas mitten im Dschungel und die Reisterrassen von Jatiluwih.

Dann kam auch schon mein letzter Tag auf Bali.

Einerseits war ich betrübt, dass die Zeit so schnell vorbeigegangen war, aber ich freute mich auch auf zu Hause, auf meine Familie, die Clique und das Nähen.

Tipp:

MACHE AUCH DU HIER EINE PAUSE VON
2 TAGEN. ABER FÜHRE WEITERHIN DIE
ERKENNTNISSE DURCH UND VISUALISIERE
DEINEN HERZENSWUNSCH.

Lydia, Mike und ich verbrachten den letzten Urlaubstag gemütlich am Strand.

Ich konzentrierte mich dort wieder auf meine Erkenntnisse.

»Visualisiere, wenn du zu Hause bist, zehn Tage deinen zweiten Herzenswunsch und danach zehn Tage deinen dritten Herzenswunsch, bis du alle durch hast. Dann lass ein paar Wochen los und schau, was passiert. In dieser Zeit reichen die anderen Erkenntnisse vollkommen aus«, erklärte mir Lydia.

»Wir halten dieses Mal hoffentlich Kontakt. Ich möchte unbedingt wissen, wie dein Leben weitergeht«

»Natürlich. Spätestens wenn sich in der Liebe etwas ändert, melde ich mich. Und dann bringe ich ihn mit hierher«, schmunzelte ich.

»Wann seid ihr wieder in Deutschland?«

»Geplant ist im Dezember zur Weihnachtszeit.«

»Dann sehen wir uns da hoffentlich. Vielleicht kannst du dich mal mit meiner Mutter aussprechen.«

»Ich glaube, dafür muss deine Mutter offen für das Leben von Lydia und mir sein«, meinte Mike.

»Ja, sonst kommen wir nicht auf eine Wellenlänge«, ergänzte sie.

Ich verstand die beiden.

Stefan und ich lebten inzwischen auch in verschiedenen Welten.

Ich war froh, dass Anna da anders tickte.

Lydia lächelte: »Es wäre mir eine Ehre, dich dann in deinem eigenen Laden zu besuchen.«

Ja, das wäre toll.

Aber da müsste ich noch Hunderte Puppen verkaufen.

Es war, als hätte sie meine Gedanken gelesen. »Du schaffst das«, ermutigte sie mich.

»Was passiert jetzt mit dem ›Buch der Erkenntnisse‹?«, fragte ich.

Es fiel mir schwer, das Buch zurückzugeben. Es war zu einem wichtigen

Teil von mir geworden, denn es hatte mich durch den ganzen Prozess der Veränderung begleitet.

»Du darfst es behalten. Ich habe es für dich vom Original abgeschrieben. Meine Tochter hat auch eines. Du darfst es aber gerne weitergeben an jemanden, der es braucht.«

Das freute mich.

»Ich denke, ich gebe es Anna.«

Am nächsten Tag ging mein Flug sehr früh am Morgen. Ich verabschiedete mich herzlich von den beiden. Sie waren zu einer großen Bereicherung in meinem Leben geworden, die ich nicht mehr missen wollte.

Meine Mutter und mein Bruder holten mich vom Flughafen ab und meine Mutter umarmte mich lange. »Ich habe dich sehr vermisst.«

»Ich euch auch, Mama.«

Mein Bruder grummelte nur etwas vor sich hin. Er hätte nie zugegeben, dass er sich über meine Rückkehr freute.

»Aber ich war nicht untätig. Ich habe eine Menge Kleider für die Puppen genäht.«

Sie strahlte vor Stolz. Das machte mich glücklich.

»Ja, sie kommt gar nicht mehr weg von der Nähmaschine«, warf mein Bruder ein.

»Warum hast du eigentlich so lange nicht genäht? Früher hast du das immer gerne gemacht.«

»Ach, Kind! Das Nähen hat mich an deinen Vater erinnert. Ich habe früher oft Kleider für mich genäht, in denen ich mit deinem Vater ausgegangen bin. Er fand sie immer so hübsch.«

Ich war erstaunt, dass sie so offen über unseren Vater sprach.

»Das wusste ich nicht. Aber umso schöner finde ich es, dass du wieder damit angefangen hast.«

Zu Hause angekommen aß ich eine Kleinigkeit. Meine Mutter hatte extra Pasta für mich gemacht.

Danach legte ich mich hin, denn ich war sehr erschöpft von der langen Reise.

Ich ging alle Erkenntnisse durch und visualisierte meinen zweiten Herzenswunsch, eine Eigentumswohnung in Köln. Gleich darauf fiel ich in einen tiefen Schlaf.

Freitag, 8. Juli 2016

Den Vormittag verbrachte ich mit Nähen, den Erkenntnissen und dem Bestaunen der vielen Puppenkleider, die meine Mutter in meiner Abwesenheit genäht hatte. Mittags traf ich mich mit Anna in einem Café.
Ich erzählte ihr, wie es mir auf Bali ergangen war.
»Du musst mich das nächste Mal unbedingt mitnehmen«, sagte sie entschlossen.
»Wir können ja eine Pärchenreise machen«, zwinkerte ich amüsiert.
Anna lächelte.
»Ich würde es dir von Herzen wünschen, dass der Richtige bald um die Ecke kommt. Wie läuft es mit den Puppen?«
»Sehr gut. Ich habe ja fünf Aufträge von Petra und noch viele über Facebook. Mehr kann ich nicht annehmen.
Außerdem ist mir heute Nacht im Schlaf eingefallen, dass ich unbedingt zwei Puppen für Lydia und Mike als Dankeschön nähen möchte.«
»Das ist eine wunderbare Idee!«

Wenn ich daran dachte, wie viele Aufträge für Puppen ich hatte, geriet ich schon etwas in Stress. Aber es freute mich auch. Ich sollte wohl das Meditieren ebenfalls in meine Tagesroutine einbauen, um gelassener zu sein.

Samstag, 9. Juli 2016

Am Abend trafen wir uns mit der Clique in der Bar.
Auch ihnen erzählte ich von der Reise und was ich alles erlebt hatte, und
ich beschloss, den dreien endlich von dem Buch zu erzählen.
»Das klingt wie im Märchen«, sagte Karla.
»Das hätte ich auch gerne«, meinten Marie und Sonja.
»Ich gebe es euch gerne, aber erst möchte ich es Anna geben.«
»Ehrlich?«, staunte Anna.
»Ja. Ich verdanke dir viel. Du warst lange mein einziger sozialer Kontakt,
abgesehen von meiner Familie.«
»Ich danke dir, Susi. Es ist so schön, dich zu haben.«

Während ich die nächsten Wochen die Puppen nähte und die Erkenntnisse erfüllte, arbeitete Anna mit dem Buch und besuchte weiterhin den
Massagekurs.

Tipp:

**MACHE AUCH DU HIER EINE 2- BIS
3-WÖCHIGE PAUSE UND FÜHRE
WEITERHIN DIE ERKENNTNISSE DURCH!**

Freitag, 29. Juli 2016

Nachdem ich die Puppen für Lydia und Mike fertig hatte, schickte ich diese zusammen mit einem Dankesbrief ab.
Petra wollte ich die Puppen wieder persönlich vorbeibringen und kündigte mich für den Montagnachmittag bei ihr an.

Montag, 1. August 2016

»Susi, schön, dich zu sehen«, sagte Petra herzlich und umarmte mich.
Neben ihr stand ein blonder Mann, etwa Anfang vierzig, mit dunkler Jeans und hellblauem T-Shirt.
»Das ist Jakob. Er ist der Schwager von Jana und wollte es sich nicht nehmen lassen, deine Puppen zu sehen.«
»Hey!« Er lächelte, und als er mir die Hand hinstreckte, merkte ich, wie nervös ich wurde.
Seine Berührung durchfuhr mich wie ein Blitz.
»Ich hätte gerne eine Puppe für mein Patenkind. Ich habe die Puppe bei Jana gesehen und wollte auch so eine. Doch hier im Laden waren sie sofort ausverkauft. Dem will ich nun zuvorkommen.« Er grinste und mein Herz schlug schneller.
Ich fühlte mich geehrt.
Schnell packte ich die Puppen aus und legte sie auf die Ladentheke.
»Wow, die sind wunderschön!«, staunte Jakob. Petra war auch wieder sehr begeistert, aber aus irgendeinem Grund war das Kompliment von Jakob für mich am bedeutsamsten.
Er suchte sich eine Puppe, mit braunem Lockenhaar und einem blauen Kleid aus. Leider verabschiedete er sich dann auch gleich und ließ mich mit einem Gefühl der Leere zurück.

Zu Hause grübelte ich über Jakob nach und erzählte Anna am nächsten Tag davon.
»Scheint so, als wärst du schockverliebt«, sagte sie amüsiert.
War ich das wirklich?
»Was bringt mir das schon? Ich sehe ihn nie wieder.«
»Sag das nicht, er ist schließlich der Schwager von dieser Jana. Und Petra hat gewiss weitere Puppen bei dir bestellt, oder?«

»Ja, sie wollte eigentlich zehn Stück haben, aber dann komme ich mit den Facebook-Bestellungen nicht mehr nach.«

»Wenn es mit euch etwas werden soll, dann seht ihr euch wieder. Das nennt man Schicksal.«

Am Abend unternahm ich mal wieder etwas mit Stefan. Ich wollte nicht, dass er sich ausgeschlossen vorkam, nur weil ich jetzt Freunde hatte. Ich wusste, dass er keine hatte.

Wir tranken unsere Lieblingscocktails.

»Meinst du, wir sollten Vater antworten?«, fragte ich ihn vorsichtig.

»Wie kommst du plötzlich darauf?«

»Ich weiß nicht. Wir könnten uns anhören, was er zu sagen hat.«

»Ich glaube nicht, dass ich das wissen möchte.«

Ich akzeptierte das.

»Stefan, ich möchte, dass du auch glücklich bist«, wagte ich mich vor.

»Dazu brauche ich aber Vater nicht«, entgegnete er genervt.

»Das meine ich auch nicht. Das Buch von Lydia hat mir sehr geholfen. Gerade habe ich es Anna gegeben. Du könntest es aber danach haben.«

»Das ist schön für Anna. Trotzdem habe ich kein Interesse an diesem Guru-Zeug.«

»Es könnte dir aber helfen, Freunde zu finden oder eine Freundin«, erklärte ich.

»Wenn du jetzt nicht damit aufhörst, dann stehe ich auf und gehe.«

Damit war das Gespräch darüber beendet.

Ich konnte ihn nicht zwingen.

Zu Hause ging ich die Erkenntnisse durch.

Erkenntnis 1:

Ich war positiv gestimmt.

Ich verbrachte meine Zeit mit Dingen, die mich glücklich machten, und freute mich immer darauf, Anna und die Clique zu sehen. Und natürlich freute ich mich auch immer, wenn ich eine Puppe fertig hatte.

Erkenntnis 2:

Ich war dankbar für meinen Erfolg mit den Puppen, den Abend mit meinem Bruder, der dann doch noch gut ausging, und das regnerische Wetter, da ich kein Sonnenkind war.

Erkenntnis 3 + 4:

Ich sah Jakob vor mir, doch dann erinnerte ich mich an Lydias Worte, dass man keine bestimmte Person visualisieren sollte.
Deswegen visualisierte ich meinen dritten Herzenswunsch, den Kinderwunsch.

Erkenntnis 5:

Gesundheit:
Ich hatte weiter abgenommen und war zufrieden.

Liebe / Partnerschaft:
Ich war endlich offen für eine neue Liebe.

Familie:
Ich war zufrieden.

Finanzen:
Ich zahlte noch einen Teil meiner Schulden zurück.

Freunde / soziale Beziehungen:
Ich war zufrieden.

Arbeit / Berufung:
Ich war im Moment zufrieden. Irgendwann wollte ich vom Nähen leben.

Freizeit / Hobbys:
Ich war zufrieden.

Persönlichkeitsentwicklung / Spiritualität:
Ich war zufrieden.

Erkenntnis 6:

Ich mochte mittlerweile meine Haare, meinen Humor und dass ich so gut im Planen bin.

Erkenntnis 7:

Ich wiederholte immer wieder meine Affirmationen:
Ich bin glücklich und zufrieden.
Ich liebe mich selbst.
Ich wiege 65 Kilogramm.
Ich habe einen vertrauenswürdigen Liebespartner an meiner Seite.

Erkenntnis 8:

Ich belohnte mich mit einem großen Schokoladenpudding.

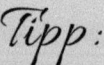

Tipp:

FÜHRE AUCH DU DIE ERKENNTNIS 5
DURCH.

Plötzlich poppte eine Nachricht in Facebook auf.
Als ich sah, wer der Absender war, rutschte mir das Herz in die Hose:

Jakob Peters.

Hallo, Susi, ich wollte dir nur mitteilen, dass mein Patenkind Tina sich sehr über die Puppe gefreut hat. Sie legt sie nicht mehr aus der Hand. Es war schön, dich persönlich kennenzulernen. Liebe Grüße, Jakob

Mein Herz pochte wie verrückt.
Ich schloss erst einmal die Nachricht und legte mich zu Mia und Ben.

Sonntag, 7. August 2016

Den ganzen Samstag hatte ich wieder mit Nähen und natürlich den Erkenntnissen verbracht. Ich wollte Jakob nicht sofort antworten, er sollte nicht denken, ich hätte darauf gewartet.
Doch am Sonntagmorgen schickte ich nach zehnmaligem Lesen meine Antwort ab.

Hallo Jakob,
das freut mich sehr, dass deine Patentochter Freude an der Puppe hat.
Dazu sind meine Puppen da :)
Liebe Grüße, Susi

Montag, 8. August 2016

Anna war ganz begeistert, als ich ihr davon erzählte.

»Er hat Kontakt aufgenommen, das heißt, er hat Interesse an dir.«

»Er hat mir nur erzählt, dass seine Patentochter sich gefreut hat, nicht mehr und nicht weniger. Und seither hat er sich auch nicht mehr gemeldet«, entgegnete ich zweifelnd.

»Das ist doch bloß ein Vorwand gewesen, um dir zu schreiben.«

Ich hoffte sehr, dass sie recht hatte.

Alle Bereiche in meinem Leben liefen gut, bis auf die Liebe. Es wurde Zeit, dass sich das änderte.

Anna hatte tatsächlich recht gehabt!

Er fragte mich, ob ich mit ihm am Samstag essen gehen wolle.

Ich war ganz aus dem Häuschen und konnte es nicht glauben. Natürlich stimmte ich zu. Ich hatte ein Date!

Am Freitagabend traf ich mich wieder mit der Clique.

»Das Buch scheint tatsächlich zu wirken«, sagte Marie.

»Ich glaube, ich lese es auch, wenn Anna damit durch ist.«

»Ja, es ist echt interessant und hilft mir«, bestätigte Anna.

Neugierig fragte ich: »Was sind denn eure Wünsche?«

»Ich hätte gerne einen eigenen Friseursalon«, begann Sonja.

»Eine Weltreise machen«, meinte Marie.

»Ein Buch schreiben«, gab Karla zu.

»Dann solltet ihr genau das tun«, warf ich in die Runde.

Marie schaute skeptisch: »Wie soll ich denn eine Weltreise finanzieren?«

»Hmm … indem du mit dem Rucksack losziehst und für einen Schlafplatz irgendwo arbeitest. Das machen doch viele.«

»Und wohin mit Aaron?«

»Mitnehmen. Ich denke, es finden sich immer Wege!

Fang klein an. Es gibt zum Beispiel Menschen, die tauschen die Wohnung. Dann hättest du nur die Verpflegungskosten. Du könntest in den Ferien mit jemandem in einem anderen Land tauschen. Dann brauchst du dir keine Gedanken wegen deinem Sohn machen, sondern kannst ihn mitnehmen. Als Steuerberaterin kannst du zudem auch online arbeiten.«

»Das hörst sich bei dir so einfach an …«

»Träume sind da, um gelebt zu werden.«

Dass dieser Satz einmal von mir kommen würde, hätte ich noch vor einem Jahr niemals gedacht.

Die Freundinnen gaben mir wiederum einige Tipps für mein Date und Sonja wollte mir am nächsten Tag noch die Haare machen.

Samstag, 13. August 2016

Wir trafen uns um 19 Uhr am Haupteingang zum Dom.

Ich trug mein bordeauxrotes Kleid und Sonja hatte meine Haare geglättet.

Ich wusste nicht, ob ich jemals in meinem Leben so aufgeregt war wie an diesem Tag.

»Schön, dass du gekommen bist«, sagte Jakob, als ich auf ihn zukam.

»Ich freue mich, dich zu sehen.«

Wir gingen zu einem Italiener und bestellten Pizza.

Anfangs waren wir beide etwas schüchtern, doch nach und nach legte sich das.

Wir waren auf einer Wellenlänge.

Er fragte mich, wie es dazu gekommen war, dass ich Puppen nähte und verkaufte. Daraufhin erzählte ich ihm von dem Buch und von Lydia und wie mein Leben davor ausgesehen hatte.

Nie im Leben hätte ich gedacht, dass ich jemandem, den ich kaum kannte, so viel von mir erzählen würde. Doch Jakob war sehr offen für das Thema. Er sagte über sich, dass er auch eher ein positiver Mensch sei. Hin und wieder meditiere er auch, um abzuschalten.

»Du hast echt ein großes Talent und kannst richtig stolz sein, was du nun aus deinem Leben gemacht hast«, lobte er.

Ich erfuhr, dass er Elektriker war und in einer Eigentumswohnung im Stadtteil Nippes wohnte.

Seine letzte Beziehung war schon einige Jahre her. Es fiel ihm schwer, jemanden an sich ranzulassen, da er schon oft enttäuscht wurde. Er gab zu, nur einen besten Freund zu haben, von dessen Tochter war er der Patenonkel.

Ansonsten unternahm er noch hin und wieder etwas mit seinem Bruder und dessen Frau Jana.

Er las viel, ging gerne wandern und liebte das Reisen.

Es war ein sehr schönes Date und wir waren uns einig, dass wir uns wiedersehen wollten.

Als ich zu Hause neben Mia und Ben in meinem Bett lag, konnte ich nicht mehr aufhören zu lächeln.

In den nächsten Wochen traf ich mich öfter mit Jakob, um ihn besser kennenzulernen. Wir gingen ins Kino, in eine Bar und sogar ins Schwimmbad.

Ich genoss die Zeit mit ihm sehr, doch wir gingen es langsam an.

Von Lydia kam eine Karte. Sie war sehr gerührt über die beiden Puppen und bedankte sich herzlich.

Montag, 5. September 2016

Als ich Petra wieder meine Puppen bringen wollte, kündigte sie an, dass sie etwas mit mir zu besprechen habe. Ich war nervös. Vielleicht mochte sie keine weiteren Puppen mehr? Doch Jakob meinte, das sei sicher nicht der Grund, da Petra immer begeistert von meinen Puppen war.

»Karl und ich haben beschlossen, für einige Monate nach Spanien zu gehen. Freunde von uns wohnen dort und haben uns eingeladen. Jana würde den Laden am Vormittag übernehmen, wegen meines Enkels kann sie nachmittags allerdings nicht arbeiten. Nun suche ich jemanden für den Nachmittag, und da habe ich an dich gedacht«, verkündete Petra. Ich war sprachlos. Alles fügte sich irgendwie zusammen.

Ein Jahr später

Ich saß am Strand von Bali. Allein. Dort dachte ich über mein jetziges Leben nach:

Jakob und ich waren seit zehn Monaten zusammen. Wir hatten viele Zukunftspläne. Ich strich zart über meinen Bauch. Ich war in der sechsten Woche schwanger und wir freuten uns sehr auf das Kind.

Ich besuchte regelmäßig ein Zentrum für Yoga und Meditation, um abzuschalten.

Petra hatte mir ihren Laden vermietet und die dazugehörende Eigentumswohnung verkauft. Sie und ihr Mann sind nach Spanien ausgewandert.
Ich hatte keine Putzstelle mehr, sondern nähte vormittags Puppen und nachmittags arbeitete ich im Laden.
Es war der schönste Job, den ich mir vorstellen konnte.
Das Geschäft lief super, ich verkaufte meine Puppen im Laden und auch online.
Jana arbeitete weiterhin vormittags mit. Wir waren gute Freunde geworden und unternahmen oft etwas zu viert.

Ich hatte keine Schulden mehr und genügend Einkommen.

Ich hatte insgesamt 20 Kilo abgenommen und war sehr selbstbewusst geworden durch meine Erfolge.

Anna und die Clique traf ich immer noch regelmäßig.
Anna absolvierte momentan eine Masseurausbildung und wollte sich dann selbstständig machen und ihre Putzstelle aufgeben.
Die Probleme in ihrem Sexleben hatten sich gelegt.

Meine Mutter half oft im Laden aus und nähte weiterhin fleißig Puppenkleider. Sie war glücklich.

Mein Bruder dagegen führte sein Leben noch wie bisher. Aber er zog langsam in Erwähnung, doch mal in das Buch zu schauen.
Meine Mutter ebenfalls.

Ich hatte mich mit meinem Vater ausgesprochen und ihm verziehen. Wir trafen uns ab und zu. Für meine Mutter war das in Ordnung. Mein Bruder war noch nicht bereit dazu.

Lydia hatte sich ebenfalls mit meiner Mutter ausgesprochen, als sie in Deutschland war. Die besten Freunde würden sie zwar nicht mehr werden, aber sie verstanden sich wieder.

Ich machte noch einmal den Test:

Gesundheit:
9 Punkte

Liebe / Partnerschaft:
9 Punkte

Familie:
8 Punkte

Finanzen:
9 Punkte

Freunde / soziale Beziehungen:
9 Punkte

Arbeit / Berufung:
9 Punkte

Freizeit / Hobbys:
9 Punkte

Persönlichkeitsentwicklung / Spiritualität:
9 Punkte

Danach ging ich zurück zu Jakob, Lydia und Mike, um das Leben zu feiern.

Geschenk

Ich möchte mich sehr herzlich bei dir dafür bedanken, dass du mein Buch gelesen hast.

Ich hoffe, du konntest etwas für dich mitnehmen, und setzt die Erkenntnisse weiterhin in deinem Alltag um.
Dann wirst du schon bald das Leben deiner Träume führen!

Du kannst mir gerne über meine Seite anjawalz.com eine Nachricht mit »Geschenk« und deiner Adresse senden. Die ersten hundert Interessenten erhalten von mir per Post:

- Eine grüne Karte (positive Karte) mit den Erkenntnissen. Sie wird dich täglich daran erinnern, wie du deine Schwingung positiv hältst. Am besten trägst du sie immer bei dir.

- Ein kleines Säckchen mit einem Dankbarkeitsstein. Trage ihn ebenfalls immer bei dir. Und wenn du ihn in deine Hand nimmst, denke an all die Dinge, für die du an diesem Tag und auch allgemein in deinem Leben dankbar bist.

Wenn du nicht zu den ersten hundert Interessenten gehörst, ist das kein Problem. Dann schicke ich dir die grüne Karte (positive Karte) per E-Mail und du kannst sie selbst ausdrucken. Du kannst dir selbst einen Stein suchen, den du als Dankbarkeitsstein verwendest.

Arbeite jeden Tag mit der grünen (positiven Karte) und dem Dankbarkeitsstein.
Damit besitzt du alle Werkzeuge, um dir dein Traumleben zu erschaffen!